Vorwort

Liebe Leserin, lieber Leser,

in Magazinen, im Fernsehen und im Internet gibt es seit Jahren eine Flut von Beiträgen, die mit schönen Bildern das Leben im Tiny House bejubeln. Den idealisierten Darstellungen wollten wir etwas entgegensetzen und geben seit 2019 das Jahresmagazin „Kleiner Wohnen" heraus, in dem vor allem technische und rechtliche, aber auch grundsätzliche Aspekte von Tiny Houses vertieft werden und herstellende Firmen ihre Konzepte präsentieren. Dem Hurra-Journalismus wollten wir bewusst fachliche Expertise entgegenstellen; schöne Bilder sollten zweitrangig sein.

Und dann erreichte uns im Februar 2022 eine E-Mail von Fotograf Ludolf Dahmen, in der er sein Projekt „InsideOut – Menschen und ihr Tiny House" skizzierte. Die Idee, nicht das Tiny House, sondern seine Bewohnerinnen und Bewohner in den Vordergrund zu rücken, war elektrisierend. Seit jeher ist die Bildästhetik von Architekturfotografie eher sachlich-kühl und huldigt allein der Gestalt des Baukörpers. Das ist bei der Tiny-House-Fotografie nicht anders. Aber Ludolf Dahmen traute sich zu, nicht nur das Tiny House als geduldiges Motiv abzulichten, sondern auch und vor allem die zugehörigen Personen zu porträtieren – in Bild und Wort. Dafür nahm er sich sehr viel Zeit, reiste durch die Republik, fotografierte ganze Speicherkarten voll, hörte zu und schuf schließlich 13 einfühlsame Porträts über Menschen und ihr Tiny House.

Ein Telefonat später waren wir uns bereits einig: Ein „Kleiner Wohnen Spezial" würde das richtige Format sein, um die Arbeit von Ludolf Dahmen zu präsentieren und unsere eigenen verlegerischen Grundsätze zu verraten; egal, ob sich dafür Werbekunden finden oder genügend Exemplare verkaufen lassen. Diese Porträts mussten einfach veröffentlicht werden.

Und so halten Sie heute das von Irina Rasimus so wunderbar gestaltete Magazin „Kleiner Wohnen Spezial" in Händen und dürfen sich auf 13 Porträts freuen, von Menschen, die so einzigartig und normal sind wie Sie und ich. Was sie eint, ist die Idee, auf winzigem Raum leben zu wollen. Die Porträts handeln von Hoffnung und Glück, Aufbruch und Flucht, Scheitern und Neubeginn.

Lassen Sie sich mitnehmen auf dieses Abenteuer.

Johannes Laible
Herausgeber

Beliebteste Regionalbank
PSD-Bankengruppe 2011 - 2022
€uro
Ausgaben 05/2011 - 05/2022
BESTE BANK 2022 vor Ort
SEHR GUT
BAUFINANZIERUNG
DIGITAL-CHECK
Mein Traum
vom Tiny House...
Clever finanziert
mit der PSD Bank Hannover
Jetzt informieren:
0511 9665-30
www.psd-hannover.de/tinyhouse
PSD Bank
Ihr Geheimtipp.

Inhalt

InsideOut: Ludolf Dahmen erzählt Geschichten vom Drinnen- und Draußenleben.

JOSEF UND CAROLA, VOREIFEL

„Unser verlorenes Paradies“

Josef hatte ich 2010 das erste Mal fotografiert. Da lebte er schon seit acht Jahren – aber zu diesem Zeitpunkt noch alleine – in seinem selbst umgebauten Zirkuswagen. Der steht auf einem weitläufigen, wunderschön gelegenen Wiesengrundstück eines ehemaligen Hofanwesens in der Voreifel. Eine befreundete Familie hatte diesen Hof gekauft und ihm dort einen Platz zur Verfügung gestellt für seinen Traum „von einer Bude im Wald“.

Die Geschichte nannte ich damals „Der Zeitmillionär“. Denn es hatte etwas Faszinierendes, eine Person kennenzulernen, die ein gutes Stück aus den Zwängen des Alltags ausgestiegen war. Ein kluger Kopf, der das wenige Geld, das er zum Leben benötigte, mit einer halben Stelle als Chauffeur und Redenschreiber eines Vertriebsdirektors verdiente. Ansonsten widmete er sich mit Zeit und Muße den schönen Dingen des Lebens.

Es war darüber hinaus meine erste Begegnung mit einem Menschen, der in einem Tiny House lebte – noch lange bevor das zu einem gewissen Hype wurde. Seitdem hatte mich dieses Thema nicht mehr losgelassen. Doch es sollten noch elf weitere Jahre vergehen, bis ich meine größere Fotoarbeit umsetzte und mich diesbezüglich – natürlich – zuerst an Josef wandte.

In der Zwischenzeit hatte sich bei ihm eine ganze Menge verändert. Zuallererst sei Carola genannt, die kurz nach unserem Kennenlernen in sein Leben trat. Beide sind seitdem ein Paar. Sie, die damals noch eine 600 Quadratmeter große Jugendstil-Villa bewohnte, konnte sich durchaus vorstellen, mit Josef auch dauerhaft in seinem Zirkuswagen zu leben – allerdings nur unter der Bedingung, dass er ihr ein richtiges Bad baute. So war für ihn klar: Ein Bad musste her.

Zirkuswagen und Tiny House

Doch aus der freudigen Notwendigkeit heraus, dieses Bad zu bauen, entstand schließlich die Idee vom Bau eines weiteren Hauses auf dem gleichen Grundstück. Zunächst war es noch für den damals 82-jährigen Vater von Carola gedacht, einem pensionierten Architekten, der sich bei seinen Besuchen in diese Lebensform verliebte und selbst in einem Tiny House wohnen wollte. Die gemeinsamen gestalterischen Planungen wurden

schnell angegangen, als Basis für das Haus diente ein altes Bauwagen-Untergestell.

Außer der Elektro- und Wasserinstallation bauten Josef und Carola dieses Tiny House weitgehend alleine, gelegentlich unterstützt durch Helfende. Ein befreundeter Schreiner stand mit Ratschlägen und Tipps zur Seite. Das Resultat war ein ästhetisch sehr ansprechendes Haus von 26 Quadratmetern Wohnfläche, mit einer überdachten Terrasse, zusätzlicher Außenküche und einem aufgeständerten Erker. Im Haus entstand durch diesen Erker ein großer Wohnraum, der acht Personen am ausziehbaren Tisch Platz bot. Wichtig war beiden auch ein großes Bett, das von beiden Seiten zugänglich war, und natürlich das große Bad mit Dusche. Beim Bau verwendeten sie ökologische Materialien, wie zum Beispiel Hanf und Holzweichfaserplatte für die Dämmung. Beheizt wurde das Haus durch einen 6-Kilowatt-Holzofen. Durch eine großzügige Hinterlüftung war das Haus – bei nur geringem Holzverbrauch – im Winter schön warm, und im Sommer entstand kein Hitzestau. Vom Hofgebäude aus wurden Starkstrom sowie eine Wasser- und Abwasserleitung gelegt. Verzichtet wurde trotz Abwasserleitung aber auf ein Wasserklosett, stattdessen hielt eine Trenntoilette Einzug. Da beide hohe ästhetische Ansprüche haben, recherchierten sie lange für die Inneneinrichtung, aber auch für Dinge wie Fenster, Haustür und Fußboden. Und dabei galt: „Wertig vor billig, gebraucht vor neu." So kostete das gesamte Haus am Ende rund 26.000 Euro.

Als es nach einem Jahr Bauzeit schließlich fertig war, wollte Carolas Vater dann doch lieber im Zirkuswagen wohnen. So gab es einen Tausch, und Josef und Carola zogen in das Tiny House. Doch Carolas Vater verliebte sich nicht nur in das minimalistische Leben auf dem Land, sondern auch in eine charmante Dame aus dem angrenzenden Dorf. Und so dauerte es nicht mehr lange, dass er schließlich zu ihr zog. Der Zirkuswagen diente Josef fortan als Rauchersalon und Büro, denn in der Zwischenzeit hatte er sich auch beruflich verändert und sich in der Eifel als freier Trauerredner selbstständig gemacht. Ein Beruf, der wunderbar zu diesem empathischen und wortgewandten Mann passt.

Ein minimalistisches Luxusleben

Als ich Josef und Carola im Sommer 2021 besuchte, um sie zu fotografieren, fand ich also ein kleines Paradies vor. Vieles war für die beiden perfekt: Ihr Leben fand draußen

im Grünen statt, war von Einfachheit geprägt und zumeist unbeschwert. Ein Leben im Tiny House als minimalistischer Luxus, mit einer deutlich höher empfundenen Lebensqualität als in der Stadt. Alle Gäste und Familienangehörigen, die regelmäßig zu Besuch kamen, waren ohne Ausnahme begeistert und blieben auch immer gerne ein paar Nächte in der eigens gebauten, kleinen Gästehütte, die sich an der Hinterseite des Zirkuswagens anschmiegte. Auch die Bewohnerzahl auf der Hofanlage war in der Zwischenzeit deutlich angewachsen: Zwei Paare und eine junge Familie im Haupthaus und den ehemaligen Stallungen sowie ein weiterer Tiny-House-Besitzer etwas oberhalb auf dem Gelände bildeten eine gut funktionierende Gemeinschaft.

Die Natur zeigte sich bei meinem Besuch von ihrer schönsten Seite – ein nicht zu heißer Tag mit einer leichten Brise, die Abkühlung verschaffte, unterlegt vom Gezwitscher vieler Vögel in den sattgrünen Bäumen, der angrenzende Rotbach träge vor sich hin fließend. Ich musste sehr aufpassen, nicht auch zu träge zu werden, und mich immer wieder daran erinnern, warum ich eigentlich da war, nämlich um zu fotografieren. Zu groß die Versuchung, in Carolas Hängesessel auf der Terrasse sanft schaukelnd sitzen zu bleiben – oder nach dem gemeinsamen Essen einfach nicht mehr weiter zu fotografieren, sondern mich der wunderbaren Ruhe dieses zauberhaften Ortes einfach restlos zu ergeben.

Die Katastrophe

Keiner konnte an diesem unbeschwerten Tag ahnen, was nur einen Monat später geschehen sollte: diese unfassbare Katastrophe der Jahrhundertflut in Nordrhein-Westfalen und Rheinland-Pfalz, die massive Zerstörung von so vielen Orten, Häusern, Infrastruktur – und letztendlich der Tod von so vielen Menschen.

Josef und Carola waren am Tag der Flut nicht zu Hause, sie sahen also nicht, wie eine regelrechte Flutwelle den gesamten Hof innerhalb kürzester Zeit überschwemmte. Der Zirkuswagen und das Tiny House standen bis zu den Dächern in einer dunklen Brühe. Das ge-

samte Ausmaß der Zerstörung zeigte sich schließlich nach dem Abzug des Wassers. Nahezu nichts war mehr zu retten: weder Mobiliar noch Einrichtungsgegenstände, Kleidung oder persönliche Unterlagen – geschweige denn das Tiny House selbst oder der Zirkuswagen. Alles mit einem Schlag unwiderruflich verloren unter einer stinkenden Schicht aus Schlamm, durchsetzt mit Öl und Fäkalien. So erging es der gesamten Hofgemeinschaft.

Zur Zerstörung kam der Schock, bei allen tiefsitzend. Für Außenstehende ist es wohl kaum zu erahnen, was solch ein Ereignis mit einem macht, selbst wenn man die Zerstörung sieht. Gleichzeitig setzte jedoch unmittelbar eine große Hilfsbereitschaft ein – zuerst durch die Menschen aus dem angrenzenden Ort, der, da höher liegend, nicht so stark von der Flut betroffen war. Alle Personen, die den Hof bewohnt hatten, fanden dort Unterkunft – Josef und Carola für viele Monate, kostenlos in einer Wohnung der alten Dorfschule. In dieser Zeit galt es, sich zu sammeln, das Erlebte zu verarbeiten, behutsam zu überlegen, wie es weitergehen kann, begleitet durch eine befreundete Traumatherapeutin. Vieles war ungewiss, nur eines war klar: nicht an gleicher Stelle ein neues Tiny House zu bauen – zu groß war die Angst, dass diese Flut sich jederzeit wiederholen könnte. So gingen den beiden viele Fragen durch den Kopf: Bleiben oder wegziehen, eine Wohnung mieten oder doch wieder ein Tiny House bauen – aber wenn ja, wo?

Sie haben sich für ihre Fragen Zeit gelassen und schließlich ihre Antworten gefunden: Ein Neuanfang an gleicher Stelle, auf dem Hof, aber nicht mehr in einem neu zu bauenden Tiny House. Vielmehr zogen sie in die kleine Einliegerwohnung von 39 Quadratmetern. Doch vorher hieß es, über Monate renovieren, alles Zerstörte wieder aufbauen. Dies geschah zuerst in viel Eigenarbeit der Hofgemeinschaft, unterstützt durch helfende Hände, später dann durch Fachfirmen, in Teilen finanziert mit staatlicher Unterstützung.

Der Neuanfang

Während ich diesen Text im Mai 2022 schreibe, sind Josef und Carola in den letzten Zügen ihres Umzuges. Sie freuen sich auf den Neuanfang, die Angst vor einem sich wiederholenden Hochwasser ist der Zuversicht gewichen, dass sich dieses Ereignis (zumindest in diesem verheerenden Ausmaß) nicht wiederholen wird. So bleibt zwar eine gewisse Restsorge, doch der Optimismus überwiegt wieder. Und – vielleicht als Symbol dessen, vielleicht aber auch aus Trotz – hat Josef doch wieder gebaut: Ein Mini-Tiny-House diesmal, mehr eine kleine Hütte denn ein wirkliches Haus, die ihm zukünftig als Büro dienen wird. Ich freue mich schon darauf, das alles zu sehen bei meinen nächsten Besuch – gerne dann wieder an einem unbeschwerten Sommertag.

BETTINA, MITTELRHEINTAL

„Mein Haus der Achtsamkeit“

Einer der Beweggründe für Bettina, sich für ein Leben in einem Tiny House zu entscheiden, war ganz pragmatisch die Tatsache, dass sie sich das Wohnen in der Stadt nicht mehr leisten konnte. Als alleinerziehende Mutter von mittlerweile drei erwachsenen Kindern musste sie über viele Jahre hinweg berufliche Abstriche machen – mit dem Auszug der Kinder wurde die Wohnung in Bonn dann schließlich zu groß und zu teuer. Der Kauf eines Tiny House bot sich hier als Lösung an. Den Kredit zum Kauf des Hauses kann sie bis zur Rente in überschaubaren Raten abbezahlen, im Alter wird sie dann mietfrei in ihrem kleinen Eigenheim leben können.

Der Kauf und Umzug in ihr Tiny House sollte sich aber auch noch unter vielen weiteren Gesichtspunkten als die genau richtige Entscheidung herausstellen – auch wenn sie dafür zunächst teilweise belächelt wurde oder sich gute Freundinnen ernsthaft Sorgen um sie machten.

Denn es spielten auch noch andere Faktoren eine Rolle, diesen Schritt zu gehen: Wie viele andere Tiny-House-Besitzerinnen und -Besitzer faszinierte auch Bettina die Möglichkeit, den eigenen ökologischen Fußabdruck zu reduzieren und nah an der Natur zu leben. Wenngleich sie sich an die Naturgewalten – wie beispielsweise stürmische Nächte, die das Tiny House auch mal ordentlich ins Wanken bringen – erst mal gewöhnen musste.

Besonders reizte sie, ihr neues Zuhause aktiv mitgestalten zu können. Auch wenn sie das Tiny House zum Bau in Auftrag gegeben hatte, hat sie es in Teilen selbst entworfen und auch eine Zeitlang daran mitgebaut. Bettina liebt praktische Dinge oder raffinierte Stauraumlösungen und konnte ihre Ideen miteinbringen: So hat sie sich etwa für eine Treppe entschieden, unter der sie ihre Schränke untergebracht hat. Selbst ein Garderobenschrank findet dort seinen Platz. Im Bad gibt es eine praktische Nische, die zum Verstauen zweier Klapphocker gedacht ist. Der ausklappbare Thekentisch in der Küche dient in hochgeklapptem Zustand als Tür des Gewürzschranks. Am ausgeklappten Tisch finden drei Personen Platz, als weiterer Sitzplatz dient eine der Treppenstufen. Doch nicht alle Wünsche ließen sich umsetzen, da sonst das zulässige Gesamtgewicht des Hauses überschritten worden wäre. Ein paar Kompromisse mussten also gemacht werden.

Aber Bettina hatte weitere klare Vorstellungen vom Ausbau: Unverzichtbar war für sie eine gute Isolierung des Hauses, auch der außerhalb liegenden Wasserrohre, damit die Wasserversorgung selbst im Winter reibungs-

los funktioniert – denn das Leben in einem Tiny House ist im Winter oft weniger romantisch, als in den Medien dargestellt. Ihre Heizung kann Bettina vielseitig gestalten: Der Wärmetauscher ist an zwei Solarpanelen angeschlossen. Bei Sonnenschein wird Strom in ihr eigenes Stromnetz gespeist und somit Energie gespart. Zusätzlich hat sie eine Solarthermie-Anlage, die in der Übergangszeit durch einen Ventilator das Heizen übernimmt.

Sie legt außerdem großen Wert auf eine voll funktionsfähige Küche mit Backofen. Auf keinen Fall verzichten wollte Bettina auf eine Waschmaschine, eine Schlafmöglichkeit für Gäste, ein großes Fenster und – beruflich bedingt – schnelles Internet. Ansonsten fiel es ihr, bis auf manche Erinnerungsstücke, nicht allzu schwer, sich von vielen alten Dingen zu trennen. Im Gegenteil, sie empfand es überwiegend als Befreiung von unnötigem Ballast – denn in ihren Augen macht zu viel Besitz nur Arbeit, raubt Raum und bringt Unordnung ins Leben. Sie lebt nun nicht völlig minimalistisch (das war auch nie die oberste Priorität), aber hat doch ihren Besitz auf das für sie Nötigste reduziert.

Man spürt dies, wenn man ihr Haus betritt. Es ist hell und modern gestaltet, aufgeräumt und klar strukturiert. Und wahrscheinlich entpuppte sich im Nachhinein dieser Aspekt – die Reduzierung auf das für sie wirklich Wesentliche, das Trennen von vielen unnützen Dingen – als eine gewisse Essenz des Umzugs in diesen neuen Lebensabschnitt: Die freigewordene Zeit, beispielsweise dadurch, dass das Haus viel schneller geputzt und in Ordnung zu bringen ist, birgt Möglichkeiten für viel schönere Dinge im Leben. Bettina empfindet sich nun in einem beruhigten Umfeld und fühlt sich viel entspannter. Deshalb spricht sie auch gerne von ihrem „Haus der Achtsamkeit“, denn auch kein Besuch bewegt sich hektisch durchs Haus, sondern sehr behutsam und bewusst. Und gab es zu Beginn ja durchaus kritische Stimmen zu ihrer Umzugsidee, sind diese nun verstummt und der Einsicht gewichen, dass Bettina für sich das Richtige getan hat – und genau in dieses Haus, an diesen Ort gehört.

Der vorerst ideale Standort

Die Standortsuche für ihr Tiny House entwickelte sich zur Herausforderung, auch deshalb, da sie beruflich die nächsten Jahre noch an Bonn gebunden ist und entsprechend eine ortsnahe Lösung benötigte. Erschwerend kam hinzu – und dies betrachtet sie wirklich zunehmend kritisch –, dass der Hype um Tiny Häuser immer weiter zunimmt. Viele lassen sich Tiny Häuser aber „nur“ bauen, um diese am Wochenende zu nutzen oder als Ferienhaus teuer zu vermieten. Durch diese hohe Nachfrage an Häusern steigen aber auch die Preise immer weiter an.

Ihren Standort fand sie nach einigen Tipps schließlich auf einen ehemaligen Campingplatz. Der bietet nun – umfunktioniert zu einem sogenannten Wochenendplatz – Dutzenden Tiny Häusern verschiedenster Art voll erschlossene Grundstücke. Doch dauerhaft bewohnt sind davon nur die wenigsten. So ist das feste Wohnen auf einem Wochenendplatz rechtlich tatsächlich auch nur eingeschränkt möglich, unter Einhaltung verschiedener Regeln aber eben doch machbar.

Für Bettina ist das Leben auf diesem Platz wie das Leben in einem kleinen Dorf – und für sie persönlich eine kleine Insel der Ruhe. Hoch oben auf einem Bergkamm des Mittelrheintals bleiben der Berufsalltag und die Hektik der Stadt weit unten im Tal zurück. Allein der Weg zur Arbeit und zurück zeugt schon von hoher Lebensqualität: Er führt sie mit ihrem E-Bike quer durch den Wald bis hinunter zum Rhein, den sie mit einer kleinen Fähre überqueren muss, um auf der anderen Rheinseite weiter bis Bonn zu radeln. Aber auch in ihrem Haus fand sich in den Planungen noch ausreichend Platz für einen voll ausgestatteten Arbeitsplatz, denn sie arbeitet auch viel aus dem „Tiny-Home-Office" heraus.

Bewegung findet sie außerdem im direkten Umfeld, da der Platz von Wiesen und Wald umgeben ist, in dem sie gerne wandert und auch meditiert. Für sich persönlich hat sie so den momentan idealen Standort gefunden: nah an der Natur ihrer rheinischen Heimat und nah an ihrem Arbeitsplatz.

Ihr ist aber genauso wichtig, dass ihr Haus mobil ist – denn sie weiß noch nicht, wo sie in ihrem Ruhestand dann tatsächlich leben möchte. Vielleicht am Meer? Vielleicht in der Nähe eines ihrer Kinder, oder doch auch in einer Tiny-House-Gemeinschaft mit Freunden? Es wird sich zeigen – alle Optionen stehen ihr offen, solange sie fit bleibt, wie sie hofft. Denn am liebsten würde sie für immer in ihrem kleinen „Haus der Achtsamkeit" leben – und sie freut sich darauf, ihr Haus dann einfach mitnehmen zu können. ■

ANDREAS, SCHWARZWALD

„Erst mal für immer“

Andreas strahlt bei unserem Treffen eine große Gelassenheit aus. Mit ruhiger, angenehmer Stimme erzählt er mir von sich und den Gründen, warum er sich für ein Leben im Tiny House entschieden hat. Kaum zu glauben, dass dieser Mann sich noch vor wenigen Jahren so gestresst fühlte. „Ich weiß nicht, ob ich auch nach außen so wirkte", sagt er. Innerlich aber fühlte er sich getrieben und aufgerieben von all den Anforderungen, die auf ihn einprasselten, denn: „Vom Typ her verzettel' ich mich schnell." Diese Phase in seinem Leben war rückblickend besonders herausfordernd durch den Spagat zwischen dem eigenen Familienleben mit Kind, der acht Jahre währenden Pflegedürftigkeit der Mutter und seiner beruflichen Selbstständigkeit im sozialen Bereich. Seine eigenen Bedürfnisse rückten dabei zwangsläufig in den Hintergrund.

Diese eigenen Bedürfnisse zu erkennen, ist für Andreas jedoch schon immer wichtig gewesen. Spätestens seit er vor über 20 Jahren an einen Vipassana-Workshop teilnahm, setzt er sich „mal mehr, mal weniger intensiv" mit seinen inneren Themen auseinander. Die Vipassana-Meditation ist dabei ein wesentliches Werkzeug der Selbst- und Stressregulation. Es gilt, das Außen herunterzufahren und die Aufmerksamkeit nach innen zu richten: anhalten, nichts tun, Körper und Atmung spüren, die Stimmung wahrnehmen. „Was passiert mit mir, wenn ich nichts mache?", lautet dabei die zentrale Frage. „Da ist der Schatz zu finden, den es zu heben gilt." So entstand in ihm zunehmend der Wunsch, naturnah und einfacher zu leben, viel weniger zu benötigen.

Nachdem sich seine äußeren Lebensumstände dahingehend änderten, dass er weniger Verantwortung zu tragen hatte und er zudem seine Wohnung aufgeben musste, entschied sich Andreas spontan dazu, in einen Wohnwagen zu ziehen, den ihm Freunde zum Kauf anboten. Diesen konnte er auf der Wiese eines Schwarzwälder Bauernhofes aufstellen. Es ist auch der Platz, an dem heute sein Tiny House steht – ein wirklich wunderbarer Ort.

Als er nach ein paar Monaten einen Schreiner kennenlernte, der sich für Tiny Häuser interessierte, beschlossen beide, gemeinsam Wagen für sich zu bauen. Die Trailer dafür besorgten sie sich bei einem niederländischen Anbieter, der diese extra für den Bau von Tiny Houses konzipiert. Andreas entschied sich für einen Trailer mit einer Gesamtlänge von 7,20 Meter. Er wollte mit dem fertigen Haus unbedingt unter 3,5 Tonnen Gesamtgewicht bleiben, da die Mobilität des Hauses für ihn einen wesentlichen Faktor darstellt. Der Grundaufbau besteht aus einem Holzständer, innen wurde eine Drei-Schicht-Fichtenplatte verbaut, nach außen eine hinterlüftete Fichtenfassade, die Dämmung besteht aus gehäckselten Jute-Matten. Nach Ende der Rohbauarbeiten arbeitete Andreas an seinem Wagen allein weiter. „Ich konnte zwar nicht alles, war aber hochmotiviert." Er hatte dabei keinen wirklichen Bauplan, sondern nur ein grobes Bild im Kopf. Mit den Details, die bei den weiteren Arbeiten anfielen, setzte er sich dann Schritt für Schritt auseinander. Zugute kamen ihm dabei seine Geschicklichkeit und Affinität für handwerkliche Tätigkeiten – aber auch seine bunte Berufsbiografie als Fernmeldetechniker, Solaranlagenbauer und Bauleiter für Holzständerbauweise in einem sozialen Projekt mit Jugendlichen.

Zum Heizen baute Andreas einen Holzofen ins Tiny House ein, zusätzlich aber auch eine kleine Gastherme, so wie er sie aus seinem Wohnwagen kannte. Der Wagen bekam einen Stromanschluss, aktuell rüstet Andreas jedoch nach und verbaut eine Solaranlage. Wasser bezieht er durch einen Schlauch vom angrenzenden Hof – wenn dieser im Winter einfriert, wechselt er zu Wasserkanistern. Momentan nutzt er zwar die Hoftoilette, aber ein Platz für eine Trenntoilette ist in seinem Wagen ebenfalls vorgesehen.

Drei Aspekte waren ihm bei seinem Tiny House besonders wichtig: dänische Fenster, die sich nach außen öffnen lassen, und ein Tonnendach, dessen Optik ihm einfach besser gefällt und das durch die höhere Decke die Raumwirkung im Wagen vergrößert. Außerdem baute sich Andreas am Wagenende eine kleine, überdachte Terrasse. Dafür nahm er gerne etwas Raumverlust im Innenbereich in Kauf. Diese Terrasse ist ein Wohlfühlort für ihn geworden, auf der er gerne sitzt, liest, nachdenkt – geschützt vor unterschiedlichen Witterungen, aber immer noch draußen. Darüber hinaus erfüllt die Terrasse für ihn auch

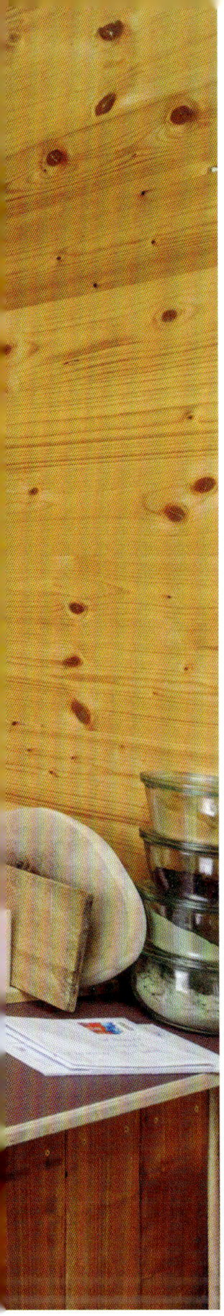

eine ganz praktische Funktion: gerade bei Regenwetter können nasse Schuhe und Jacken draußen bleiben und er schleppt keinen Dreck und Feuchtigkeit ins Haus.

Das Wohnen im Tiny House empfindet Andreas als klare Steigerung seines Lebensgefühls. Es fasziniert ihn mit viel weniger klarzukommen, Themen reduzieren sich manchmal auf rudimentäre Grundbedürfnisse wie Wasser, Strom oder Wärme. In einer Wohnung eine Selbstverständlichkeit, in seinem Tiny House aber eben nicht immer, vor allem nicht im Winter. „Das Holzhacken gibt mir eine Befriedigung", sagt er – es spiegele für ihn ebenso etwas Wesentliches wie Gras zu mähen oder nötige Reparaturen am Haus durchzuführen. Er liebt das Leben inmitten der Natur, den ständigen Blick ins Grüne, die Ruhe des Ortes, wo der Außenbereich zum Wohnraum wird und er sich insgesamt mehr aufhält als drinnen. Im Winter genießt er es, den Ofen anzufeuern und diese Art der Wärme zu spüren. Das Leben findet dann mehr im kleinen Haus statt. Für ihn – der nun bereits zwei Winter dort hinter sich hat – fühlt sich das jedoch nicht als Einschränkung an: „Mir fehlt da eigentlich nichts."

Diese Lebensform und Wohnumgebung gibt Andreas die nötige Ruhe, sich dahingehend zu reflektieren, ob er das, was ihm wirklich wichtig ist, genügend im Fokus hat. Seine Lebensumstände und seine inneren Bedürfnisse haben sich dabei klar aneinander angenähert – daher sieht er auch keinen Grund, an dieser Lebensform in naher Zukunft etwas zu ändern. „Erst mal für immer" möchte er in seinem Tiny House wohnen bleiben. Und die Wahrscheinlichkeit, dies dauerhaft zu tun, ist für ihn weitaus größer als jemals wieder zurück in Mauern zu ziehen.

Jana und Marcel zu besuchen, bedeutet, einen kurzen, aber sehr steilen und anstrengenden Anstieg zu bewältigen. Doch dieser Anstieg in das kleine Dorf, in dem ihr Tiny House auf einem großen Grundstück steht, lohnt sich sehr, denn man wird mit einem fantastischen Ausblick auf die Weite des Siegtals und seine Wälder beschenkt. Selten habe ich einen schöneren Standort für ein Haus gesehen.

Wenn man sich diesem Grundstück nähert, fällt zuerst ein gerade fertiggestelltes, zur Dorfstraße hin gelegenes Strohballenhaus auf. Es wurde von einem Architektenpaar gestaltet, das in dem Dorf lebt und dem das Grundstück gehört. Mitgebaut und angemietet wurde es von drei jungen Paaren, die hier in Gemeinschaft zusammenleben wollten, darunter auch Jana und Marcel. Nachdem die Bewohnerschaft sich noch etwas verändert hatte, wird das Haus nun von zwei Familien mit Kindern bewohnt, während der Lebensmittelpunkt von Jana und Marcel mehr denn je ihr Tiny House ist. Im Strohballenhaus nutzen sie das Bad, die Waschmaschine und den Außenwasserhahn für Trinkwasser.

Wenn man sich auf dem Gelände umschaut, spürt man sehr schnell, dass hier ein spannender Prozess stattfindet, in dem junge Menschen an einem gemeinsamen Projekt arbeiten – basierend auf dem Bedürfnis, nachhaltiger zu leben. Noch ist einiges nicht ganz fertig, um das Haus herum ist in Teilen noch eine Baustelle. Aber vieles ist schon geschafft: So war das gesamte Grundstück ursprünglich dicht bewachsen, nun ist es gerodet und terrassenförmig angelegt. In den beiden oberen Teilen entstehen Gemüsebeete, und ein umzäunter Hühnerstall – inklusive einiger Tiere – ist fertiggestellt.

Im engen Kontakt mit der Natur

Auf dem unteren Drittel des Grundstücks findet sich schließlich das Tiny House von Jana und Marcel. Der Wagen ist komplett selbst gebaut – die Freude am Bauen war für Marcel die Motivation, ein solches Projekt anzugehen. Dass er das dazu nötige handwerkliche Geschick hat, merkt man sehr schnell, denn obwohl der Wagen schon längst fertig ist, findet er immer wieder etwas daran zu verbessern oder zu reparieren. Als Marcel den

JANA UND MARCEL, SIEGTAL

„Jetzt bauen wir“

Wagen vor ein paar Jahren baute – noch an einem völlig anderen Ort –, kannten er und Jana sich noch nicht. Aber als sie sich schließlich kennen und dann auch lieben lernten, konnte Jana sich sehr schnell vorstellen, mit ihm in diesem Tiny House zu wohnen.

Manchmal vermisst sie zwar gewisse Bequemlichkeiten aus dem Leben in ihrer vorherigen Wohnung, etwa, dass es morgens im Raum schon warm ist und man barfuß und trockenen Fußes ins Bad laufen kann. Solche Aspekte werden für sie allerdings kompensiert durch den Mehrgewinn eines Lebenskonzeptes, das auch ihrem Wunsch nach einem engerem Kontakt mit der Natur entspricht.

So ist dieses Tiny House auch für Jana zu einem Zuhause geworden, und beide arbeiten seitdem gemeinsam am Wagen und dem umgebenden Grundstück. Dabei sind ihnen einige Punkte besonders wichtig: die Verwendung ökologischer Baumaterialien, Helligkeit durch große Fenster, von denen aus man Vögel beobachten kann, sowie der Holzofen für gemütliche Kaminabende mit einem Glas Rotwein. Gemütlichkeit ist ihnen überhaupt wichtig, und auch eine gewisse Ordentlichkeit, damit der Wagen gepflegt bleibt.

Ankommen und sesshaft werden?

Während Marcel an diesem sonnigen Samstag damit beschäftigt ist, Reparaturen am Wagendach durchzuführen, beginnt Jana zu malen. Ihre vielen Farben lagern im Stauraum unter dem Bett, und es bedarf erst einer kleineren Umräumaktion, um daran zu gelangen. Heute bemalt sie einen Briefkasten und verziert ihn mit einer Zeichnung. Man ahnt schon, dass Jana und Marcel an der Schwelle stehen, hier sesshaft zu werden – denn wer schon einen Briefkasten bemalt, möchte vielleicht gar

nicht mehr wegziehen – oder ist angekommen? Und in der Tat, dass das Tiny House mobil ist, spielt für beide eigentlich keine Rolle mehr – denn sie möchten diesen Ort nicht mehr verlassen, wie sie mir erzählen.

Es ist schön, bei diesem ersten Kennenlernen ein Paar zu erleben, das zu diesem Zeitpunkt zwar noch gar nicht so lange zusammen ist – dabei aber doch eine große Verbundenheit und Substanz spüren lässt, die getragen ist durch gemeinsame Werte und Ideen für die Zukunft.

Eine neue Heimat

Monate später erfahre ich, dass diese gemeinsame Zukunft nun schon bald zu dritt stattfinden wird. Jana ist schwanger, und die beiden haben mittlerweile geheiratet. Auch zum Grundstück gibt es Neuigkeiten: Die untere Hälfte, auf der ihr Tiny House steht, haben sie von den bisherigen Eigentümern, dem Architektenpaar, kaufen können. Sie werden dort nun ein eigenes Strohballenhaus bauen. Bis dieses Haus fertig ist, bleiben sie im Wagen leben – aber auch danach wird das Tiny House weiterhin an seinem Standort bleiben. Sie wissen zwar noch nicht genau, wie sie es dann nutzen werden – mindestens jedoch für viele weitere Kaminabende und Ausblicke aus den großen Fenstern auf ihre neue, gemeinsame Heimat.

GERD, EIFEL

„Leben mit nur einer Tür zur Natur“

Wenn man mit Gerd ins Gespräch kommt, wird einem sehr schnell bewusst, welche Aspekte ihm im Leben persönlich sehr wichtig sind. Da ist zum einen die Verbundenheit zur Natur seiner Heimat, ein großer Freiheitsdrang sowie das Bedürfnis nach einem selbstorientierten und puristischen Leben. Seine Heimat ist von Geburt an der Nationalpark Eifel, der sich bei meinem Besuch an einem Februartag von seiner schönsten Seite zeigt. Die Temperaturen sind in den letzten Tagen nochmals stark gefallen, Niederschlag hat die Bäume der Umgebung mit einer weißen Eisschicht überzogen. Ein wunderschöner Anblick, der sich zuerst noch klar gegen einen blauen Himmel abgrenzt; später am Tag wird das Wetter dann deutlich rauer werden, was in dieser Gegend nicht unüblich ist.

Im Tiny House von Gerd empfängt mich – im starken Kontrast zu draußen – eine wohlige Wärme, die von seinem Holzofen ausgeht. Auf ihn, auf eine Dusche/WC mit separater Abtrennung zum Wohnbereich und auf einen Warmwasserboiler wollte er bei einem Umzug ins Tiny House nicht verzichten. Den Wagen hat er nach seinen Vorstellungen zum Bau in Auftrag gegeben, den Innenausbau dann selbst gestaltet.

Was an diesem Tag jedoch nicht funktioniert, ist das fließende Wasser. Die Leitung, die er zum angrenzenden Hof legte, auf dem sein Wagen zu diesem Zeitpunkt steht, ist in der Nacht eingefroren. Das macht mir wieder bewusst, dass ein Leben im Tiny House eben nicht nur an warmen, sonnigen Sommertagen stattfindet, sondern zu allen Jahreszeiten – und dass dies mit besonderen Herausforderungen einhergehen kann. Für Gerd jedoch kein Problem: Wasser gibt es in den nächsten Tagen alternativ aus Flaschen.

Sein eigentliches Problem ist vielmehr die Suche nach einem geeigneten Standort für den Wagen – nach einem Ort, der durch die örtlichen Behörden, wenn überhaupt, nicht nur irgendwie geduldet wird. Vielmehr würde er sich wünschen, dass es endlich einheitliche, gesetzliche Regelungen zum legalen Abstellen von Tiny Häusern gibt.

Ein tiefes Freiheitsgefühl

Gerd wuchs am Rursee auf. Seine Eltern betrieben dort, direkt am Hang des Sees, ein Hotel und einen Campingplatz. 52 Jahre lebte er an diesem abgelegenen Ort – ein Leben, das bei all der vielen Arbeit fast ausschließlich draußen stattfand und ein tiefes Freiheitsgefühl fest in ihm verankerte. Jahre nachdem sein Vater starb, verkaufte er den Besitz und zog mit seiner Mutter in eine Wohnung im selben Ort, um sie dort bis zu ihrem Tod zu pflegen. Eine schöne Wohnung, erzählt er, mit Blick direkt auf den Rursee, doch fühlte er sich von Beginn an eingesperrt. In dieser Zeit verfestigte sich die Idee, in Zukunft in einem Tiny House wohnen zu wollen. Diesen Wunsch erfüllte er sich.

Doch nur wenige Monate nach unserem Kennenlernen hat Gerd das Leben in seinem Tiny House – zumindest vorerst – eingetauscht gegen das Leben in einem Wohnwagen, entnervt von der Suche nach einem geeigneten und legalen Standort.

Aus zu vielen Stellplatz-Optionen ist nie etwas Konkretes geworden, und auch der Standort auf dem Hof seines Bekannten konnte keine dauerhafte Lösung sein. Auch ein weiterer Traum, den er sich durch ein Leben in einem Tiny House erfüllen wollte – nämlich Mobilität und sein Zuhause einfach an verschiedene Orte mitnehmen zu können – scheiterte an diesen Realitäten. Mit dem Wohnwagen hat er nun jedoch genau diese Mobilität erreicht – und eine Stellplatzsuche, zumindest auf Campingplätzen, stellt kein großes Problem mehr dar.

So veränderte sich bei ihm eigentlich nur der Wagentyp, nicht jedoch sein Lebenskonzept. Denn eines ist für Gerd vollkommen klar: Ein Umzug zurück in Betonmauern ist für ihn vollkommen inakzeptabel. Er will auch weiterhin mit nur einer Tür zur Natur leben.

NEW YORK

NOAM UND LEA, SACHSEN-ANHALT

„Das magische Gefühl, alles selbst gebaut zu haben“

Mittlerweile baut Noam Blockhäuser, doch viele Jahre seines selbstständigen Berufslebens hat er erfolgreich individuelle Tiny Häuser entworfen und gebaut. So auch das eigene Haus – dieses zusammen mit seiner Frau Lea. Es beeindruckt mit zwei Etagen, 42 Quadratmetern Wohnfläche und einem ausfahrbaren Erker auf einer Seite (der einen Teil der Wohnfläche um einen zusätzlichen Meter verbreitert) sowie insgesamt drei Zimmern, viel Stauraum und sogar einer Badewanne im Bad. So „viel“ Platz wird auch benötigt, denn die beiden leben dort nicht allein, sondern zusammen mit ihrem Sohn (7 Jahre) und ihrer Tochter (4 Jahre). Für das Haus wurden rein ökologische Materialien verwendet: Der Rahmen und die Verschalung sind aus Holz, für die Dämmung wurden Zellulose, Holzfaser und Schafwolle genutzt.

Lea und Noam sind seit 2009 ein Paar und haben zusammen schon turbulente Jahre mit vielen Ortswechseln erlebt. Kennengelernt haben sie sich in Südamerika. Noam, ursprünglich aus Israel stammend, lebte zu diesem Zeitpunkt in Kanada, Lea in Holland, wo sie Europawissenschaften studierte. So führten sie das erste Jahr eine Fernbeziehung zwischen Vancouver und Den Haag. Als Lea nach dem Studium zurück nach Berlin ging, „holte ich mir Noam hierhin“. Doch Berlin entpuppte sich für beide zu diesem

Zeitpunkt noch nicht als der richtige Ort, und so zogen sie weiter nach Frankreich, in die Provence, wo auch ihr Sohn geboren wurde. Als dieser 18 Monate war, ging die kleine Familie zurück nach Deutschland – zuerst für drei Jahre zu Leas Eltern nach Kleinmachnow, einem Vorort von Berlin, danach für kurze Zeit auf einen alten Hof in Brandenburg. Mittlerweile zu viert, denn in der Zwischenzeit wurde ihre Tochter geboren.

Es galt sich zu orientieren. Einerseits hatten sie noch nicht den Ort gefunden, an dem sich beide dauerhaft verwurzeln wollten – andererseits entstand schon länger und zunehmend der Wunsch nach einem eigenen Haus. Das Konzept eines Tiny-House-Lebens erschien ihnen daher sehr überzeugend. Auch, weil Noam in Frankreich sein erstes Tiny House als Auftragsarbeit gebaut hatte. Es sollte ein Lebens- und Geschäftsmodell für die kommenden Jahre werden.

In Berlin entstand eine langjährige Kooperation und Zusammenarbeit mit dem Architekten Van Bo Le-Mentzel. Er ist bekannt für seine gesellschaftspolitischen Utopien zu bezahlbarem und nachhaltigem Mini-Wohnraum, gerade in Städten, für Menschen mit wenig Einkommen. In einem einjährigen, durch Van Bo kuratierten Projekt, dem „Bauhaus Campus Berlin", wurde neben anderen Tiny Häusern auch Noams „Holy Foods House" konzipiert, gebaut und ausgestellt: Ein Tiny House mit einem öffentlichen Foodsharing-Regal, ein freies Projekt und künstlerisch-gesellschaftliches Experiment für ökologische Nachhaltigkeit. Ein Thema, das Noam sehr am Herzen liegt und das er nicht auf ein Tiny-House-Leben beschränkt sehen möchte – er hofft, dass es noch viel weiter in den gesellschaftlichen Fokus rückt.

In seinen Auftragsarbeiten hat er die Tiny Häuser für seine Kunden zuerst allein gebaut, mit Hilfe von befreundeten Kollegen. Mit der Zeit ging er aber zunehmend dazu über, Kunden Workshops anzubieten, um deren individuelle Wünsche auszugestalten und in Baupläne zu übersetzen – und ihnen schließlich dabei zu helfen, an ihren Minihäusern mitzubauen.

Ein sehr erfolgreiches Geschäftsmodell: Es entstanden viele Workshops in seiner Werkstatt, Begegnungen mit Menschen – und Häuser unterschiedlichster Art. Ein Selbstläufer mit so vielen Aufträgen, dass er und seine Familie gut davon leben konnten. Doch irgendwann merkte Noam, dass er für seine Arbeit nicht mehr richtig brannte. Als Zimmermann liebte er es, mit Holz zu arbeiten, doch in der Arbeit an Tiny Häusern sah er eher eine Holzverarbeitung denn eine wahre Holzbearbeitung, so wie er es aus seiner Arbeit in Kanada gewohnt war. Als sich dann die Möglichkeit bot, freiberuflich für einen Blockhausbauer zu arbeiten, musste er nicht lange überlegen und nahm das Angebot an. Sein Tiny-House-Geschäft läuft zwar parallel weiter, jedoch zeichnet er

nur noch die Entwürfe und delegiert die Bauarbeiten an befreundete Kollegen.

Wie für den Großteil der Menschen, die sich in Deutschland für ein Leben im Tiny House entschieden haben, ist die Stellplatzsuche auch für Lea und Noam das größte Problem. In Sachsen-Anhalt, nahe der Landesgrenze zu Brandenburg, sind sie vorläufig fündig geworden.

Ihr Wagen steht im hinteren Teil des weitläufigen Grundstücks einer noch leerstehenden Villa, die von einer Eigentümergemeinschaft erworben wurde und in Eigenarbeit schrittweise saniert wird. Das Grundstück befindet sich recht abgelegen zwischen zwei Ortschaften und ist eingerahmt von Feldern und einer Landstraße. Eine weitere Familie lebt dort mit ihren Kindern ebenfalls in einem Tiny House, es gibt ein paar Gemeinschaftseinrichtungen wie die Toilette, ein Sauna-Tiny-House, oder eine zusätzliche Außenküche.

Gute Anbindung gesucht

Für die Kinder ist das Leben auf dem weitläufigen Gelände ein kleines Paradies, inmitten der Natur und in Nähe zu Tieren, sogar auch wilden – wie dem Wolf, der in der Gegend wieder ansässig ist. Für Lea und Noam ist der Standort dagegen noch nicht ganz perfekt. Zwar bietet sich ausreichend Platz fürs Gärtnern (beide beschäftigen sich mit regenerativer Landwirtschaft). Andere Punkte empfinden sie dagegen als zu großen Kompromiss. Jede Fahrt – sei es in einen Laden, zu Noams Arbeit, in die Wald-Kita oder zu Freunden der Kinder – dauert aufgrund der recht abgelegenen Lage mindestens 20 Minuten. Für all diese täglichen Fahrten benötigen sie das Auto, was im Widerspruch zum eigenen ökologischen Anspruch steht und jedesmal einen inneren Konflikt für sie darstellt. Da ihr Sohn demnächst eingeschult wird und auf eine Waldorfschule in der Nähe von Potsdam gehen soll, sind Lea und Noam auf der Suche nach einen neuen Standort für ihr Tiny House – möglichst nah am Schulort und mit einer guten Anbindung an den öffentlichen Nahverkehr. Sie würden, wenn die Parameter passten, auch ein Grundstück kaufen, denn bei beiden wächst die Sehnsucht, irgendwo anzukommen. Die vielen Ortswechsel der Vergangenheit empfanden sie zunehmend ermüdend. Die ständige Mobilität schließt auch vieles aus: So fehlt etwa Lea, die sich in Vollzeit um die beiden Kinder kümmert, ein soziales Netzwerk. Ihr absoluter Traum, geprägt durch ihre eigene Kindheit am Schlachtensee, ist ein Grundstück in direkter Wasserlage, gerne an einem See. Vielleicht ist dies in Brandenburg mit seinen unzähligen Seen ja doch irgendwie zu realisieren.

Doch wie lebt es sich als vierköpfige Familie in einem Tiny House? Und wollen sie dies auch langfristig tun? Noam eher nicht, Lea ist dagegen mit dem „Tiny-House-

NEW YORK
CITY

Lebensgefühl noch nicht ganz durch". Sie sieht aber, dass das Haus, je älter die Kinder werden, zu wenig Platz und Raum für Rückzug bietet. „Man kriegt einfach alles mit, es fehlt ein bisschen Intimsphäre." Während sie das zu Beginn, als die Kinder noch sehr klein waren, als schön und bereichernd empfanden, schlug dieses Gefühl mit der Zeit ein wenig um. Dem Problem kann man baulich zwar noch etwas entgegenwirken, indem man im Haus Türen einbaut – oder am nächsten Standort, sollte er denn dauerhaft sein, das Haus um einen festen Wintergarten erweitert. Denn eines ist klar: Beide wollen mit ihren Kindern in einem Haus wohnen, und so schnell möchte Lea das eigene Tiny House nicht aufgeben, denn es ist für sie weiterhin „ein cooles und magisches Gefühl, dies alles selbst gebaut zu haben".

Aber auch einen Umzug kann sie sich letztendlich vorstellen. Allerdings nicht in ein neu zu bauendes Haus – denn sie möchte keine weiteren Flächen mit einem Betonfundament versiegeln, sondern hat vielmehr das Bedürfnis nach nur minimalistischer Einflussnahme auf die Umwelt. Einen alten Hof zu sanieren und dort in einer Gemeinschaft zu leben, könnte sie sich als Alternative zum Tiny House dagegen gut vorstellen. Und wenn doch ein neues Haus gebaut werden soll, dann nur ein Blockhaus – zusammen mit Noam und am besten direkt am See.

BURCKHARDT, BRANDENBURG

„Liebevoll nach innen und außen"

Was für ein wunderschönes Grundstück und Tiny House erwarten mich bei meinem Besuch von Burckhardt! Man sieht auf den ersten Blick die liebevolle und klare Gestaltung – sowohl des umliegenden Gartens als auch des Tiny Houses selbst –, die sich im Inneren des Wagens nahtlos fortsetzt. Hier ist nichts dem Zufall überlassen, nichts ist zu viel, nichts zu wenig. Ein Haus und Grundstück, die zu ihrem Bewohner passen.

Die Beschränkung auf das Notwendigste sei Erweiterung, Bereicherung und Schönheit für ihn, sagt Burckhardt. Dies entspreche ihm, er müsse sich nicht dazu zwingen. Er findet, dass wir insgesamt weit über unsere Verhältnisse leben und auf eine „Zivilisationskatastrophe" zusteuern. Ein allgemeines Umsteuern müsse her – doch wie? Eine Frage, mit der er sich zunehmend auseinandersetzt – verstärkt, seit er selbst in einem Tiny House lebt. Er ist ein intellektueller Mensch, interessiert an Philosophie und Dichtung, er hat (nach Abbruch eines Medizinstudiums) Theologie studiert, war dann aber niemals im Rahmen der Kirche tätig. Stattdessen hat er zwei Gedichtbände im Dresdner Satzverlag publiziert und einige Eigenideen auf gestalterischer Ebene – Bilder, plastische Subjekte, Einrichtungsformen – verwirklicht.

Sein Tiny House hat Burckhardt selbst konzipiert und im weiteren Ideenaustausch von einem Wagenbauer bauen lassen. Der Aufbau erfolgte auf einem alten LKW-Chassis mit Doppelbereifung. Wichtig waren ihm

dänische Fenster, die sich nach außen öffnen lassen. Im Winter sorgt ein rustikaler Kaminofen für Wärme, zur Dämmung wurde innen Fichtenholz mit sechs Zentimetern Holzfaserplatte verbaut. Die Außenfassade besteht aus hinterlüftetem Lerchenholz, das Dach aus verzinktem Blech.

Der Innenausbau ist auf das reine Wohnen ausgelegt, und daher hat sein Haus lediglich einen Stromanschluss, aber keinen Anschluss für Wasser und Abwasser, keine verbaute Küche oder Bad. Warme Mahlzeiten isst Burckhardt deshalb nur recht selten, und wenn, dann meist im Hofladen des Nebenortes. Um zu duschen, die Toilette zu benutzen oder Wasser in einem Tonkrug oder Kanister zu holen, muss er einige hundert Meter zurücklegen – zu dem Hof einer Selbstversorgergemeinschaft, die überhaupt der Grund war, warum er 2008 in dieses kleine Brandenburger Dorf kam.

In der Selbstversorgergemeinschaft

Als er in einer überregionalen Zeitung einen Artikel über das Leben dieser Hofgemeinschaft las, sprach ihn diese gemeinschaftliche Form, in und mit der Natur zu leben und zu arbeiten, ungemein an. Selbst gerade in einer Umbruchphase, nachdem er aus familiären Gründen wieder für zwei Jahre in seiner Heimatstadt lebte, stellte er Kontakt zu der Gemeinschaft her und konnte dort zur Probe wohnen. Hier lernte er zum ersten Mal die Wohnform Tiny House kennen, von denen einige im Dorf an dafür geeigneten Plätzen ihre Standorte gefunden hatten.

Das Ausgangskonzept für seinen Wagen liegt in dem Gedanken, das Tiny House in Anbindung an eine gemeinschaftlich genutzte Immobilie – die Küche, Bad und WC bietet – zu bewohnen. Auch im Sinne einer nachhaltigen, ressourcensparenden, wenig invasiven Lebensweise, die nicht zuletzt ein Beitrag sein will, ein einfaches und nicht kostenintensives Wohnen zu ermöglichen.

Und hier bot sich Burckhardt auch Anlass und Gelegenheit, sich auf Brandenburger Landesebene für eine generelle Überarbeitung des Baurechts einzusetzen, um die Etablierung des Tiny-House-Gedankens und seine Verwirklichung in geeigneter Form zu ermöglichen, politisch bewusst zu machen und voranzutreiben.

Direkt hinter dem Hof der Selbstversorgergemeinschaft befindet sich ein etwa drei Hektar großer, mystischer Park – mehr ein Wald –, der vor Beginn des Ersten Weltkriegs vom damaligen adeligen Gutsbesitzer des Ortes angelegt wurde. Dieser alte Park, seit 1994 unter Denkmalschutz, ist zu Burckhardts Aufgabe geworden. Seit seinem Umzug in den Ort kümmert er sich federführend um ihn, unterstützt durch andere Mitglieder der Hofgemeinschaft. Um die Pflege des Parks finanzieren zu können, wurde eigens ein Förderverein gegründet. Burckhardt selbst arbeitet jedoch ehrenamtlich – und das nahezu täglich. Möglich macht ihm dies ein Erbe: Die monatlichen, bescheidenen

Mietkaufeinnahmen des Elternhauses geben ihm die persönliche Freiheit, seine Arbeit für das Gemeinwohl einzusetzen – sei es in diesem Park oder einem weiteren ehrenamtlichen Engagement für einen Wanderweg in der Gegend.

Die körperliche Arbeit draußen in der Natur tut ihm gut. Die gemeinnützige Arbeit, ohne weitreichende Vorgaben von außen, sondern schlicht ausgerichtet nach den Notwendigkeiten der Natur und den eigenen Ideen, erfüllen ihn mit großer Zufriedenheit. Als er vor 14 Jahren mit der Arbeit begann, war der Park verwildert. Es galt zunächst zu roden, aufzuräumen, überhaupt die Struktur des Parks herauszufinden, alte Wege neu anzulegen sowie Neupflanzungen nach den Notwendigkeiten des Klimawandels anzupassen. Dabei macht es sich Burckhardt nicht einfach: Er mäht große Flächen immer mit der Sense, da er möglichst keine generierte Energie einsetzen möchte. So zu arbeiten, bereitet ihm aber auch mehr Freude.

Heute sieht er den wesentlichen Aspekt seiner Arbeit in der Gestaltung des Parks, indem er dessen über Jahrzehnte gewachsene Wildheit erhalten möchte, ihn gleichzeitig jedoch auch akkurat anzulegen bemüht ist. Er möchte zeigen, wie schön dieser Ort ist (auch im Hinblick auf alle übrigen Orte unserer Welt) und in diesem Sinne etwas tun für Mensch, Natur und Tier. Dieser persönliche Fußabdruck ist ihm gelungen – liebevoll und klar, wie schon bei seinem Tiny House und dem eigenen Garten.

NICOLE UND CARSTEN, WENDLAND

„Es fehlte Freiheit“

Nicole und Carsten sind freiheitsliebende Menschen. Der Wunsch selbstbestimmter und autarker zu leben, wurde in den letzten Jahren, bevor sie sich schließlich ihr Tiny House bauten, immer drängender. Davor lebten sie gemeinsam in verschiedenen Städten, zuletzt einige Jahre in Hamburg: Carsten war als Heilpraktiker tätig, Nicole als Texterin in einer PR-Agentur für Kunden aus der IT-Branche. Sie war in ihrem Job jedoch eher unzufrieden, obwohl ihr die Tätigkeit des Schreibens, komplexe Themen verständlich zu vermitteln, eigentlich sehr viel Freude bereitet. Das Leben in der Stadt empfanden beide zunehmend als zu künstlich und fremdbestimmt: Vorgaben im Job, Lebensmittel nur aus dem Supermarkt, eine überwiegend auf Konsum ausgelegte Infrastruktur, zur Miete in einer kleinen Zwei-Zimmer-Wohnung lebend. Diese lag auch noch direkt an einer Hauptverkehrsstraße, inmitten eines ständigen Grundrauschens von Menschen, Sirenen, Autos und Baustellen. Die beiden fühlten sich in dieser Wohnung und Lebensform eingeschlossen, konnten ihre Ideen für ein angenehmes Leben nicht umsetzen: „Es fehlte Freiheit, Luft zum Atmen, die Nähe zur Natur und auch das Gefühl, sich selbst etwas zu erschaffen."

Ein etwas abenteuerlicheres Leben

Carsten konnte sich als Erster vorstellen, an dieser Situation etwas zu ändern und aufs Land zu ziehen, gerne auch zurück ins Wendland, wo er geboren und aufgewachsen ist. Nicole benötigte etwas mehr Zeit, sich an diesen Gedanken zu gewöhnen – gerade mit dem Wendland fremdelte sie noch etwas. Mit ihrer Energie und Umtriebigkeit wurde sie jedoch bald zur treibenden Kraft, den Umbruch im Leben vielleicht „etwas abenteuerlicher" zu gestalten. Nachdem sie bei Internetrecherchen auf die Tiny-House-Bewegung stieß, wurde beiden schnell klar, dass auch sie so leben wollten. Ein eigenes, aber mobiles Haus versprach Freiheit. Es selbst zu bauen, entsprach

DATADOG

dem Wunsch, etwas Eigenes zu erschaffen. Als Basis für ihr spannendes Selbstbauexperiment diente ein alter DDR-Castor-Bauwagen.

„Mit Teilabriss, Umbau und Renovierung haben wir schätzungsweise 80 Prozent selbst gebaut", sagt Nicole. Eine Erfahrung, die sie neben all der Arbeit an dem Haus sogar noch dazu motivierte, ein Buch zu schreiben, veröffentlicht im Piper Verlag. Darin erzählt sie mit viel Witz und Selbstironie ihre persönliche Tiny-House-Geschichte: von den inneren und äußeren Prozessen auf dem Weg zu ihrem Ziel – aber auch von den Schwierigkeiten, die dieses Bauprojekt ebenso bereit hielt, wie undichte Dächer, Mäuse oder gelegentlichen Ehekrach.

Das neue Tiny House stand zuerst zur Pacht auf einem alten Bauerngrundstück. In dieser Zeit verlor Nicole ihre Restzweifel an einem Leben im Wendland, als sie im Alltag erlebte, dass dort eine große alternative Szene allgegenwärtig ist. Menschen, die sich im Zuge der früheren Anti-Atomkraft-Bewegung gegen das geplante Endlager in Gorleben hier niedergelassen hatten –

oder die als Kunstschaffende oder Musiker neu zugezogen waren. Sie alle engagieren sich gemeinsam in vielen gesellschaftlichen Projekten. Nicole mochte auch den einheimischen Menschenschlag, und selbst wenn die Landschaft des Wendlands nicht ihre erste Wahl darstellte, so fuhlte sie sich hier mehr und mehr zu Hause. Carsten empfand das ähnlich, für ihn war es allerdings eine Rückkehr in seine alte Heimat. Mittlerweile haben beide vor Ort mehr soziale Kontakte als zuletzt in der Stadt.

Die Weite der Natur

Und so begannen sie damit, nach einem neuen Grundstück für ihr Tiny House zu suchen, um langfristig im Wendland zu bleiben. Das Grundstück, das die beiden nach drei Jahren Suche schließlich kauften, befindet sich recht abgelegen am Ortsrand eines kleinen Dorfes. Eine enge Stichstraße mündet in ein Waldstück, das unmittelbar an das Gelände der beiden angrenzt. Der nächste Nachbar ist weit über 100 Meter entfernt. Verwunschen wirkt es dort durch die dichte Vegetation in der schmalen Einfahrt, an deren Ende rechts ein sanierungsbedürftiges Fachwerkhaus und links ein alter Stall stehen – beides haben sie mitgekauft. Hinter diesen beiden festen Bebauungen öffnet sich das Gelände hin zu einer großen, lichten Wiese und gibt den Blick auf ihr

Tiny House frei, das hier seinen idealen Stellplatz am Waldrand gefunden hat. „Wir haben wenig Probleme mit einem kleinen Innenraum, nach außen genießen wir die Weite der Natur."

Auf dem großen, recht wild anmutenden Grundstück ist nichts akkurat angelegt – das würde den beiden wohl auch nicht entsprechen. Vieles ist noch nicht fertig – so lange leben sie noch nicht hier –, Pläne, Ideen, auch Fragen gibt es für das Grundstück aber genug: So sind sie sich noch nicht ganz sicher, was sie mit dem Fachwerkhaus anstellen werden. Nach und nach renovieren sie es zwar, aber die spätere Nutzung ist noch lange nicht entschieden: Vielleicht werden sie es vermieten, es gab aber auch schon Gedanken an eine kleine Pension oder eine Nutzung als Coworking-Space. Nur selbst wohnen möchten sie darin nicht. Ein Herzensprojekt von Nicole wäre, auf dem Grundstück einen Minicampingplatz mit maximal drei naturbelassenen Stellplätzen anzulegen. Im alten Stall hat sich Carsten seinen Rechner aufgestellt und Nicole eine kleine Werkstatt für beide eingerichtet. Ihr Schlagzeug findet dort ebenfalls seinen Platz, und unterm Dach trocknen Kräuter, aus denen sie Öle, Tinkturen und Tees herstellt.

„Wir lernen unsere Umwelt kennen", sagt mir Nicole. Hatten sie sich zuerst der Solidarischen Landwirtschaft in der Gegend angeschlossen, experimentieren und pflanzen sie zunehmend auf dem eigenen Gelände, legen weitere Beete an. Auch ein Gewächshaus soll gebaut werden. Die beiden planen, Regenwasser durch Filterung als Nutzwasser brauchbar zu machen und für die Stromversorgung im Tiny House und den anderen Gebäuden Solaranlagen zu verbauen. Im Fachwerkhaus und im Stall wollen beide beim Heizen durch einen

wasserführenden Ofen von Gas auf Holz umstellen. Alles mit dem Ziel, möglichst ressourcenschonend und nachhaltig zu leben.

Das alles setzen sie in Ruhe um, Schritt für Schritt, sie wollen sich nicht stressen und mit ihren eigenen Ressourcen behutsam umgehen, die ihnen neben der Ausübung ihrer Berufe bleiben. Carsten baut mittlerweile Überseecontainer aus. Nicole arbeitet in Teilanstellung als PR-Referentin einer Genossenschaft fast ausschließlich im Homeoffice und freiberuflich als Kommunikationsberaterin für Kunden aus dem sozial-ökologischen Bereich: „Ich arbeite für niemanden mehr, wo ich nicht inhaltlich wirklich dahinterstehe."

Aus all diesen Gründen empfinden die beiden ihr neues Leben außerhalb der Stadt als einen Ausweg aus vielen Abhängigkeiten. Sie leben weitaus autarker und fühlen sich dadurch selbstbestimmter. Für beide war der Umzug in ein Tiny House auf dem Land genau der richtige Schritt, den es zu gehen galt. Hier fanden sie die vermisste Freiheit, sich zu entfalten und mit Kreativität an den eigenen Bedürfnissen ausgerichtet zu leben. „Wenn wir im Garten unter freiem Himmel sitzen, mit Blick in den Wald, dann haben wir das Gefühl alles richtig gemacht zu haben."

Annelie ist ein ausgeprägter Familienmensch – und extrem tierlieb. Möchte man ihren Bauwagen erreichen, der hinter dem kleinen alten Bauernhof der Familie steht, passiert man zuerst jede Menge Hühner, Kaninchen, acht Zwergenten und ihren Lieblingshahn „Mario". Durch die Wiesen rund um den Hof streunen außerdem noch drei Katzen – von ihnen bekomme ich an diesem Tag jedoch nur eine zu Gesicht. Final muss man noch über Zäune klettern, denn Annelies Tiny House steht auf der Schafwiese. Die vier Schafe beäugen mein recht unbeholfenes Klettern zuerst aus der Ferne, doch dann siegt schließlich die Neugier: Sie nähern sich und fordern Streicheleinheiten.

Aus dem hochgewachsenen, grünen Gras der Wiese schält sich der orangefarbene Bauwagen. Da man das Fahrgestell nicht sehen kann, wirkt es zuerst, als würde er auf dem sanft durch den Wind bewegten Gras schwebend dahingleiten.

Von außen ist es ein typischer Bauwagen, man kann ihn sich gut in seiner letzten Funktion als Baustellenbüro vorstellen. Doch bleibt man beim zweiten Blick schnell an einem der großen Fenstern hängen, das in sonderbarem Kontrast dazu steht. Es handelt sich um ein wunderschönes Sprossenfenster aus Holz, das ursprünglich aus dem schwedischen Ferienhaus der Familie stammt. Dort wurde es vor vielen Jahren ausgetauscht, aber nicht einfach so entsorgt, sondern aufbewahrt, bis sich andere Bestimmungen dafür fanden: Erst als Fenster in Annelies altem Kinderzimmer und nun im Bauwagen. Dass ich keine Minimalisten besuche – sondern im Gegenteil Menschen mit ausgeprägtem Sammelsinn –, wird mir recht schnell bewusst, als Annelie mich über den kleinen Hof führt, den die Familie erst vor ein paar Jahren gekauft hat. Eine Werkstatt, in der ehemaligen Scheune untergebracht, ist voll mit Werkzeugen, Baumaterialien, Holz, alten Dingen. Allein der Umzug vor ein paar Jahren hierher in ihr neues Domizil dauerte mehrere Tage. Doch was viele wohl als materiellen Ballast empfinden würden, ist für Annelies Familie eher eine Quelle der Inspiration. Und es ist letztendlich nachhaltiges Verhalten.

Annelies Mutter betreibt ein altes skandinavisches Kunsthandwerk: Sie flechtet Körbe aus Birkenrinde.

ANNELIE, VOREIFEL

„Ein Rückzugsort für mich“

Diese Kreativität und das handwerkliche Geschick, gepaart mit einem gewissen Perfektionismus, hat Annelie sicherlich von ihr geerbt. Aber auch ihr Großvater spielte eine wichtige Rolle, brachte er ihr handwerklich doch vieles bei. Schließlich nicht zu vergessen: die Prägung durch ihre Schullaufbahn auf einer Waldorf-Schule. So kam es, dass Annelie sich im Alter von 21 Jahren diesen Bauwagen kaufte, um ihn komplett und ohne jegliche Hilfe auszubauen. Mir, der ich doch eher mit zwei linken Händen bedacht bin, imponiert das sehr.

Annelie ist eine Macherin, ein Mensch voller Energie und Tatendrang, dabei aber in keiner Weise hektisch, sondern in sich ruhend. Neben ihrem Beruf als Schneiderin an einer Oper versorgt sie jeden Tag ihre Tiere und kümmert sich um weitere Arbeiten, die auf dem Hof so anstehen. Darüber hinaus arbeitet sie an den Wochenenden weiter an ihrem Bauwagen, der nach knapp zweijähriger Umbauzeit bei meinem Besuch fast fertig ist. An diesem Tag steht nur noch der Einbau eines weiteren Fensters an – im Wagen gibt es dagegen nur noch ein paar Kleinigkeiten zu tun. Die helle Innenverkleidung ist schon lange fertig, das große Bett im hinteren Teil des Wagens bereits gebaut, genauso wie die Küchenzeile, eine neu zusammengestellte Kombination aus zwei alten Schränken und drei gebrauchten Schubladen. Fließendes Wasser gibt es aus Wasserkanistern im Zusammenspiel mit einer Pumpe. Das

Licht kommt von Solarlampen. Die Toilette in einem separaten Raum hinter einer ebenfalls schön aufbereiteten, grünen Holztür ist eine handelsübliche Campingtoilette. Im Wagen stehen schon erste Möbel: Der geschenkte Tisch einer Bekannten und ein neu bezogener Cocktailsessel von Annelies Oma finden hier ihren perfekten Platz.

Raus in die Natur

Das Tiny House wird Annelie nicht dazu dienen, komplett dort zu wohnen oder gar damit wegzuziehen. Zu stark sind die Familienbande, keines der vier Geschwister plant, in absehbarer Zeit den Hof zu verlassen. Auch weiterhin wollen alle dort mit ihrer Mutter leben.

Der Wagen soll vielmehr ein Rückzugsort für Annelie werden, den sie aber auch Bekannten kostenlos zur Verfügung stellen will, wenn es diese mal raus aus der Stadt in die Natur zieht. Einige Nächte hat sie selbst bereits in ihrem Wagen verbracht und morgens durch die großen Fenster den Sonnenaufgang genossen. Wenn dabei der Morgentau auf der Weide liegt, dazwischen die Schafe, und es draußen sehr still und friedlich ist – dann ist es für Annelie einfach nur perfekt.

ULRIKE UND JÜRGEN, MITTELRHEINTAL

„Und immer wieder das Ja!“

Ulrike und Jürgen zeigen mir einen ihrer Lieblingsorte auf der Hochebene, auf der ihr Tiny House auf einem ehemaligen Campingplatz steht. Von dort aus hat man einen fantastischen Blick hinunter ins Rheintal, auf das Siebengebirge und den sagenumwobenen Drachenfels. Rheinromantik pur.

Für die beiden zeigt sich hier die volle Schöpferkraft der Natur, denn sie sind spirituelle Menschen. Geprägt vom Buddhismus, führen beide „ein spirituelles Leben, aber ohne Dogmen". Sie fühlen ein göttliches Wirken in allem – in der Natur, aber auch in den Menschen. Ich bin geneigt, ihnen an diesem Ort Recht zu geben.

Seit 24 Jahren sind die beiden ein Paar, verheiratet nach nepalesischem Brauch; aus den ersten Ehen gibt es fünf erwachsene Kinder und mittlerweile sieben Enkel. Ihre Familie ist ihnen wichtig. Vielleicht war es Ulrikes Sohn, der sie auf die Idee brachte, in einem Tiny House wohnen zu wollen, da er mit seiner Frau und seinen Kindern eine Zeitlang so gelebt hatte.

Auf jeden Fall war Ulrike bei den gemeinsamen Überlegungen mit Jürgen zu einem bezahlbaren Eigenheim zunächst die treibende Kraft, die Idee eines Tiny House zu verfolgen. Die Miete in ihrer Stadt-Loftwohnung hätte den größten Teil der bald bevorstehenden Renten verbraucht. Außerdem wollten beide ihren ökologischen Fußabdruck verringern – und zumindest Ulrike gefiel der Gedanke an Downsizing. Es bedurfte aber noch einer Vorlaufzeit von etwa zwei Jahren, um auch Jürgen restlos zu überzeugen. Ein Leben in einem ganz kleinen Tiny House auf Rädern – mit nur einem gemeinsamen Raum – konnte er sich einfach nicht vorstellen, nicht zu zweit. Das wurde auch schnell bestätigt, nachdem sie dieses platzreduzierte Leben in einem Tiny-House-Urlaub testeten.

Allerdings nahmen sie danach Kontakt zum Erbauer des Ferienhauses auf. Denn wie der Zufall es wollte, war dieser ein Zimmermann aus Boppard – ganz in der Nähe ihres damaligen Wohnortes Bonn –, der über langjährige Erfahrungen in ökologischer Holzbauweise verfügte.

Basierend auf dem Wunsch von Ulrike und Jürgen nach etwas mehr Platz entwickelte er die Idee und Planung eines ganz eigenen Tiny Houses – in Form von zwei versetzt zueinander aufgebauten Baukörpern von jeweils drei mal acht Metern Durchmesser. Das Resultat war ein Haus mit insgesamt 48 Quadratmetern Wohnfläche. Dieser Prototyp war ein spannendes Experiment für den Zimmermann, und so begab man sich gemeinsam an das Projekt.

Das „doppelte Tiny House" ist komplett aus Holz gebaut, auch die Dämmung besteht aus Holzwolle. Insgesamt wurden nur ökologische Baustoffe verwendet. Es wurde kein Boden versiegelt, vielmehr steht das Haus auf einem Punktfundament – es könnte also theoretisch mit etwas Aufwand jederzeit abtransportiert werden. Der Aspekt der Mobilität spielte für beide aber ohnehin keine Rolle mehr. Denn Jürgen hatte in der Zwischenzeit (nach einer schwierigen Suche) einen Stellplatz gefunden, in den sich beide vom ersten Moment an verliebten.

Durch die ungewöhnliche Bauart entstand in der Mitte des Hauses ein großer Wohnküchenbereich – wichtig für beide, da sie gerne und viel Besuch haben. Zusätzlich gibt es zwei weitere Zimmer – eins für Ulrike, eins für Jürgen – mit ausreichend Höhe für eine zweite Ebene in Form von Hochbetten und mit praktischem Stauraum, der in den dazugehörigen Treppen untergebracht ist. Ein Badezimmer und zwei kleine Terrassen runden das Haus ab. Da es auf einem voll erschlossenen Grundstück steht, entschieden sie sich für einen Gasbrenner. Zuerst war eine an der Hauswand angebrachte Photovoltaik-Anlage geplant, wurde aber aus Kostengründen wieder verworfen. Fast alle Bedürfnisse der beiden konnten in diesem Hausentwurf realisiert werden.

Als Mehrwert gegenüber der damaligen Wohnung empfanden sie bereits unmittelbar nach dem Einzug den eigenen Garten und die Nähe zur Natur. Besonders Ulrike entwickelte eine große Freude am Gärtnern und pflanzte dort mit einer Selbstverständlichkeit, als hätte sie niemals etwas anderes getan. Jürgen, dem anders als Ulrike das Downsizing schwer fiel, fehlte ein Kellerraum. So fand beispielsweise sein Klavier (nun ersetzt durch ein E-Piano) keinen Platz mehr im neuen Haus. Selbst nach dem Einzug hielt das Aussortieren noch einige Zeit an. Bei der Trennung von Dingen war es beiden aber wichtig, möglichst nichts wegwerfen zu müssen, sondern ihre Sachen „in gute Hände zu geben", damit sie auch weiterhin genutzt würden. Verbleibende Dinge fanden schließlich ihren Platz in einem von Jürgen gebauten Gartenhaus – als Alternative zum Kellerraum.

Seit ihrem Umzug auf den ehemaligen Campingplatz im Mai 2018 stieg dort auch die Anzahl anderer Dauerbewohner. Dadurch entstand ein Ort mit Dutzenden Tiny Häusern unterschiedlichster Couleur – sowie eine Art dörflicher Gemeinschaft mit neuen Freundschaften und Kontakten. Das Zusammenleben ist jedoch geprägt von Freiheit: „Alles kann, nichts muss." In einer Tiny-House-Gemeinschaft mit gemeinsamen, verpflichtenden Regeln zu leben, hätten sich beide auch nicht (mehr) vorstellen können, obwohl sie Gemeinschaft und Gemeinsinn sehr schätzten und aktiv lebten, etwa mit ehrenamtlichem Engagement für einen Bürgerpark. Ulrike hatte in der Zwischenzeit ihren beruflichen Ruhestand erreicht, Jürgen stand kurz davor. Beide waren zufrieden in ihrem Tiny House angekommen und für die Zukunft voller weiterer Pläne und Ideen – das gemeinsame Leben bejahend.

Abschied im Tiny House

Wenige Wochen nach unserem Kennenlernen erhielt Ulrike jedoch die Diagnose Bauchspeicheldrüsenkrebs in fortgeschrittenem Zustand – mit einer Lebenserwartung von nur noch wenigen Monaten. Diesem brutalen Schicksalsschlag begegnete sie mit Mut und Würde. Nachdem sie im Jahr 2000 schon einmal eine sehr schwere Krebserkrankung überwunden und damals (gerade auch wegen ihrer noch kleinen Kinder) mit aller Kraft ums Überleben gekämpft hatte, nahm sie nun dieses Schicksal an. Sie haderte nicht lange mit der verlorenen Zukunft – sondern empfand stattdessen Dankbarkeit für die letzten 20 Jahre, die sie nach der ersten Erkrankung noch erleben durfte. Die verbleibende Zeit wollte sie nicht mehr mit zu vielen Krankenhausaufenthalten und aussichtslosen Behandlungen verbringen. Stattdessen wollte sie die Zeit nutzen, um für sie wichtige Dinge zu regeln,

Freunde und Familie zu treffen, Abschied zu nehmen, die eigene Beerdigung zu gestalten – und Jürgen noch standesamtlich zu heiraten. So beschlossen sie, sich auch dieses Jawort zu geben – im Kreis ihrer Kinder und Enkelkinder.

In den Monaten danach verschlechterte sich Ulrikes Gesundheitszustand rapide. Sie nahm das Sterben an, hatte auch keine Angst davor, nur vor dem Leiden vorher. Im Februar 2022 verstarb Ulrike schließlich im Alter von 70 Jahren im Beisein ihrer ganzen Familie – in ihrem und Jürgens gemeinsamen Tiny House.

Jürgen wohnt seither allein im Haus. Er fühlt sich aber nicht einsam – auch durch die Unterstützung seiner Familie, Freunde und Nachbarn. Die Dinge von Ulrike, die in jeder Ecke des Hauses präsent sind, empfindet er als tröstlich. Seine Trauer erlebt er als wechselnde Mischung aus Verzweiflung, Wut, Verdrängung – und dann wieder dem Annehmen der Situation. Er findet Trost in spirituellen Trauer-Ritualen des Buddhismus und glaubt an ein Leben nach dem Tod. Für ihn lebt Ulrike auch in der Natur weiter – und das hilft ihm, das Leben in seiner Trauer weiter zu bejahen. ■

ROBERT, BRANDENBURG

„Mehr brauche ich nicht“

Roberts Bauwagen zu finden, ist wie ein kleines Versteckspiel. In dem kleinen brandenburgischen Dorf soll es etwa 25 Tiny Houses geben. Ich wundere mich jedoch, wo diese alle sein sollen, als ich mit meinem Auto langsam in das Dorf hineinfahre, welches eigentlich nur aus einer einzigen Straße besteht, links und rechts bebaut mit einem Mix aus meist älteren Einfamilienhäusern, ehemaligen Hofanlagen und einer sehr schönen, alten Dorfkirche. Ein Dorf unter vielen typischen Brandenburger Dörfern, deren Atmosphäre ich immer sehr mag, und die in manchen Teilen noch eine gewisse DDR-Patina verströmen.

„Parke am Spielplatz in der Ortsmitte und überquere ihn. Am Ende des Spielplatz ist ein kleines Tor, dann bist du da.“ Das war Roberts Wegbeschreibung. Ohne diese hätte ich ihn wahrscheinlich niemals gefunden. Passiert man das Tor, ist es wie der Eintritt in eine andere Welt: Vorbei an einem halb verfallenen Backsteingebäude schlängelt sich ein dicht bewachsener Trampelpfad, um an seinem Ende einen unverstellten Blick auf ein weitläufiges Wiesengelände mit viel Baumbestand freizugeben. Mittendrin, im Komplementärkontrast zum vielen Grün, steht Roberts großer, roter Bauwagen. Doch dies ist nicht das einzige Tiny House: Noch drei weitere Häuser finden sich hier, ebenso ein Gästezelt, eine Außenküche, ein Baumhaus und ein Toilettenhäuschen. Alles versteckt sich zwischen den Baumgruppen oder liegt am dicht bewachsenen Rand des Geländes. Robert lebt hier nicht allein, sondern in einer lockeren Gemeinschaft mit einer weiteren Tiny-House-Besitzerin. Zwei weitere Personen, die ihre Häuser jedoch nicht dauerhaft nutzen, zählen ebenfalls dazu.

Probewohnen auf dem Land

Bei Robert sieht dies mittlerweile anders aus. Er hatte schon vor vielen Jahren, noch in seiner Heimatstadt

Dresden, zusammen mit seiner damaligen Freundin die Idee, sich ein Tiny House zu bauen. Als seine Freundin schwanger wurde, geriet die Idee jedoch wieder aus dem Blick, bis sich die Möglichkeit ergab, seinen jetzigen Bauwagen für gerade einmal 300 Euro zu kaufen. Er gehörte bis dahin einer Gruppe Jugendlicher, die sich den Wagen als Partyraum selbst aufgebaut hatten. Eine Basis gab es also schon, die Dämmung und Innenraumgestaltung hatte Robert dann nach seinen Vorstellungen angepasst. Wichtig waren ihm dabei viele große Fenster, eine Terrasse und für den Standort die Möglichkeit eines Stromanschlusses für seine Küche. Er heizt den Bauwagen mit einer modernen Infrarotheizung. Ein Ofen sei zwar schön, jedoch empfinde er diesen als gesundheitsschädlich und zu arbeitsintensiv.

Der Wagen diente der jungen Familie zunächst als reines Wochenendrefugium an einem Ort außerhalb von Dresden, direkt an der Elbe gelegen. Doch der Wunsch, auf dem Land zu wohnen und mit ihrem Kind ihre Mansarden-Maisonette-Wohnung in einem sehr belebten Dresdener Stadtteil zu verlassen, gewann zunehmend Oberhand. Aber konnten sie sich das Leben auf dem Land tatsächlich vorstellen? Eine Probephase musste her. Durch den Tipp einer Freundin landeten sie schließlich in dem kleinen Brandenburger Dorf in einer Wohnung. Den Bauwagen mitzunehmen, war zuerst noch gar nicht der Plan. Doch als sich nach einiger Zeit die Möglichkeit ergab, auf dem jetzigen Platz zusammen mit der sich neu gründenden Tiny-House-Gemeinschaft das verwunschene Gelände wiederzubeleben, gab es kein langes Überlegen mehr. Das Leben außerhalb der Stadt empfand die Familie als Mehrwert, ebenso die Menschen, die sie dort kennenlernten. Der Bauwagen wurde aus Dresden geholt und Robert, seine Freundin und ihr gemeinsamer Sohn zogen schließlich dort ein.

Der Umzug ging auch deshalb so problemlos, weil Robert in seinem Beruf örtlich völlig unabhängig ist. Er arbeitet als freiberuflicher Scrum-Master für renommierte Unternehmen im In- und Ausland. Ich musste innerlich ein wenig schmunzeln, denn die Bürowelten seiner Kunden stehen sicherlich in extremem Kontrast zu der Umgebung, aus der heraus er nun arbeitet. Sein Büro im Bauwagen bemisst gerade einmal

60 mal 140 Zentimeter, wahlweise kann er stehend oder sitzend arbeiten. Es wird noch schnell der private Pullover gegen den beruflichen getauscht (von beiden besitzt er jeweils drei), bevor er sich in Videokonferenzen einwählt. Damit dies technisch überhaupt möglich ist, hat er sich auf dem Gelände einen 4G LTE-Richtfunk-Antennenmast gebaut.

Überhaupt ist Robert technisch und handwerklich sehr versiert: Seinem Sohn hat er ein großes Baumhaus auf dem Gelände gebaut, und sein aktuelles Projekt ist der Camping-Ausbau eines VW-Busses. In einem der alten Backsteingebäude auf dem Gelände, damals der Tierstall eines Bauern, hat er dafür eine Werkstatt eingerichtet –ohne diese würde es für ihn nicht gehen.

Beruf und Privates an einem Ort

Ich gewinne zunehmend den Eindruck eines Menschen, der mit sich und seinem Leben ziemlich im Reinen ist – ein Hüne von einem Kerl, mit beiden Beinen fest auf dem Boden stehend, dabei ziemlich lässig und entspannt. Und einer, der sich beruflich nicht kaputt macht: 20 Stunden arbeite er maximal in der Woche, das reiche, meint er. Er switcht dabei völlig unaufgeregt zwischen Beruf und Privatem hin und her, da ohnehin alles am selben Ort stattfindet.

So geht es nach der Videokonferenz (der Pullover wird wieder getauscht) erst mal zum Bohnenpflücken und dann hinüber zur Außenküche zum gemeinsamen Frühstück mit Gästen – in diesem Fall Freunde aus Quedlinburg, die ein paar Tage auf dem Gelände verbringen. Es ist die Philosophie der Gemeinschaft, hier einen offenen Ort zu schaffen und Gästen das Zelt oder eines der Tiny Häuser als Unterkunft anzubieten.

In der Außenküche wird mit Gas gekocht, das Wasser kommt aus Kanistern. Auch in seinem Bauwagen hat Robert kein fließendes Wasser und empfindet das überhaupt nicht als Problem – im Gegenteil: „Ich verbrauche am Tag nur etwa vier bis fünf Liter Wasser. Das ist ein riesiger positiver Unterschied zum Leben in einer festen Wohnung." So gibt es auch keine eigene Waschmaschine, seine Wäsche darf er bei einem Nachbarn genauso erledigen wie das Duschen im Winter. Im Sommer wird dagegen kurzerhand draußen geduscht, mit kaltem Wasser aus dem Gartenschlauch.

Trotz Stromanschluss in seinem Wagen verzichtet er auf einen Kühlschrank. Milchprodukte kauft er gar nicht mehr. Fleisch isst er sehr selten, ein – wie er findet – positiver Nebeneffekt des Ganzen. Da er andere verderbliche Lebensmittel nur in kleinen Mengen kauft und zügig verzehrt, braucht er letztendlich keinen Kühlschrank mehr.

Bullerbü in Brandenburg

Am Nachmittag fährt Robert kurz los, um seinen Sohn aus dem Kindergarten abzuholen. Seine damalige Freundin und er haben sich zwischenzeitlich getrennt, sie lebt aber weiterhin im gleichen Dorf. Beide kümmern sich gemeinsam um den Sohn, und diese Woche ist er bei Robert. Kaum auf dem Gelände angekommen, ist er aber schon unterwegs, um mit den Kindern der Gäste zu spielen. Es kann bestimmt sehr unbeschwert sein, in solch einer Umgebung aufzuwachsen. Ein bisschen Bullerbü in Brandenburg – so fühlt es sich für mich in diesem Moment an.

Beim späteren Ausklang des Tages frage ich Robert, ob er denn eigentlich plane, für immer in seinem Bauwagen zu leben? Er könne sich das schon vorstellen. Er mag den kleinen, klar definierten Raum und dass alles seinen Platz hat. Im Winter empfinde er seinen Wagen als gemütliche Höhle und im Sommer lebe er quasi draußen. Mehr brauche er nicht. ■

CAROLA, MITTELRHEINTAL

„Mein Nomadenherz reist gern mit wenig Gepäck“

Carola ist schon häufiger in ihrem Leben umgezogen. Geboren wurde sie in Tansania, wo ihre Eltern in der Entwicklungshilfe arbeiteten. Als sie drei Jahre alt war, ging es zurück nach Deutschland – ins schöne Tübingen, aber für sie in eine doch völlig neue und fremde Welt. Ein paar Jahre später zog es die Familie dann in die USA; und als Carola 16 Jahre alt war, wurde die nächste berufliche Station der Eltern Genf. Empfand sie den Umzug in die Schweiz noch als völlige Zumutung, weil sie erneut aus ihren Strukturen und Freundschaften herausgerissen wurde, konnte sie sich schon wenige Jahre später (nach Beendigung der Schule dort) eine Rückkehr nach Deutschland zunächst nicht mehr vorstellen. So führte sie ihr weiterer Weg während ihres Psychologie-Studiums nach Edinburgh und Amsterdam. Doch nach etwa drei Jahren kam bei ihr an jedem Ort immer die gleiche Frage auf: „Okay – und wohin jetzt?“ Das Nomadenherz verlangte nach erneuter Veränderung. Nach weiteren Stationen in Hamburg und auf dem Darß zog es sie ins Rheinland, da ein Teil ihrer Familie und Freunde mittlerweile hier lebte und sie Lust hatte auf die willkommenheißende Mentalität der Rheinländer (was ich als geborener Rheinländer natürlich sehr gut verstehen kann).

In all den Jahren spürte sie immer eine gewisse Getriebenheit in sich. „Zurück in Deutschland habe ich erst mal längere Zeit nach Heimat gesucht“, erzählt sie. Diese Getriebenheit hat sich mittlerweile zwar deutlich verringert, ist aber auch nicht gänzlich verschwunden. Sie fühlte sich immer sehr wohl an den Orten, an denen sie lebte, schätzte an allen die unterschiedlichen Aspekte, und jeder Ort prägte sie ein gutes Stück weit. Aber „Heimat musste ich mir abschreiben“, sagt Carola, weil sie diese nirgendwo gefunden habe: Heimat definiert als „ein Ort, wo man herkommt“, oder „wo ich selbst reinpasse“.

Die mobile Konstante

Als die Tiny-House-Bewegung aus den USA nach Deutschland schwappte und Carola mit diesem Thema erstmals in Berührung kam, war sie sofort von den Möglichkeiten dieser Lebensform begeistert. Diese entsprach ihrer Biografie mit den vielen Umzügen, und versöhnte die doch teilweise widerstreitenden Bedürfnissen in ihr. Es passte von Beginn an: Denn das Tiny House ist mobil, gleichzeitig ihr Zuhause und vor allem ihre Konstante geworden. Des Weiteren entspricht es ihrem Wunsch nach Nähe zur Natur, Minimalismus und „auch einfach etwas Romantik“.

Mit dem Umzug ins Rheinland bestand dieser erneute Neustart aus dem Kauf eines gebrauchten „Wohlwagens“. Eigentlich war sie schon dabei gewesen, einen ganz anderen Wagentyp zu konzipieren – angelegt für zwei Personen –, doch ging im laufenden Planungsprozess der Wagenbauer insolvent. Als sich dann die Möglichkeit

eröffnete, ihren jetzigen Wohlwagen gebraucht zu kaufen, griff sie schnell zu, wenngleich sie von diesem Wagentyp zuerst gar nicht so angetan war. Was sie allerdings von Beginn an schätzte: den ausfahrbaren Erker, der die Wohnfläche auf 28 Quadratmeter vergrößert und so eine kleine Ecke für ihre kreativen Arbeiten schaffte. Im Erker sind auch das Badezimmer und ein großzügiger Schrank mit viel Stauraum integriert. Außerdem mag sie die vielen Fenster, die ihr Haus mit Licht durchfluten. Ein Effekt, der dadurch noch unterstützt wird, dass das verbaute Fichtenholz innen weiß lasiert ist.

Mittelfristig überlegt sie, den Wagen aber wieder zu verkaufen oder auch zu vermieten, denn sie würde sich weiterhin gerne ein anderes Tiny House bauen lassen, das zum Wohnen für zwei Personen ausgelegt ist. Im jetzigen Wohlwagen mit nur einem großen Raum kann sie sich ein Leben zusammen mit ihrem Partner nicht wirklich vorstellen – es würde ihr eine Rückzugmöglichkeit fehlen.

In ihrem persönlichen Ideal wäre ein Tiny House noch viel autarker konzipiert. Obwohl ihr Wohlwagen nur aus ökologischen Materialien hergestellt wurde, fehlt ihr doch der Aspekt von wirklicher Nachhaltigkeit. Er ist nicht dafür gebaut worden, „frei" zu stehen, sondern benötigt in seiner Bauart (wie im deutschen Baurecht vorgeschrieben) ein voll erschlossenes Grundstück mit Strom-, Wasser- und Abwasseranschluss. Für das Heizen ist zumindest ein Ofen vorgesehen, der momentan aber nicht angeschlossen ist, da es auf ihrem Standplatz nicht erlaubt ist.

So heizt sie mit zwei Infrarotplatten, die jedoch viel Strom verbrauchen und in einem harten Winter den Wagen auch nur schwer warmhalten. Zudem widerstrebt es ihr, dass der Wagen eine normale Wassertoilette hat. Eine Trenntoilette fände sie viel besser, genauso wie eine Solar- und Windanlage zur autarken Stromversorgung.

All dies sind Überlegungen rund um den Bau eines neuen Tiny House. Damit einher gehen Fragen, wie und wo sie sich das weitere Leben vorstellt, denn am jetzigen Standort möchte sie nicht dauerhaft bleiben. Manche Fragen haben sich schon geklärt: So ist für Carola vollkommen klar, dass sie für immer in einem Tiny House wohnen möchte. Ein Leben in einer Wohnung („eingepfercht zwischen vielen Nachbarn") oder gar einem

Haus („viel zu groß“) kann sie sich ebenso wenig vorstellen wie ein erneutes Leben in der Stadt. Sie fände es schön, mit anderen Menschen eine Tiny-House-Lebensgemeinschaft zu gründen, inmitten der Natur – am liebsten möglichst wild wie in Schottland, oder direkt an Wasser und Wald wie auf dem Darß. Ein Stück Land zu bewohnen, das für Tiere, Pflanzen und Menschen gesund und lebenswert ist.

Sie wünscht sich ein Zusammenleben, wie sie es bei ihren Besuchen in Tansania immer wieder erlebt: geprägt von Wärme und Großzügigkeit, eine lebendigere und natürlichere Form des Umgangs miteinander, die Menschen mehr verbunden in Gemeinschaft und Natur. Alle diese Prägungen, aus so vielen verschiedenen Orten ihrer Vergangenheit, stecken in Carola. Ihre Heimat hat sie in der Zwischenzeit schon längst in sich selbst gefunden – nur noch nicht den Ort entdeckt, an dem sie sich endgültig verwurzeln will.

Vielleicht steht die Tätowierung auf ihrer Schulter ja sinnbildlich dafür: ein Baobab-Baum, in Westafrika Symbol für den Garten Eden. In ihrer Tätowierung ist der Baum noch ohne Wurzeln, viele Schwalben steigen aus ihm in unterschiedliche Richtungen auf, um die Welt zu erkunden. „Wie ein Zugvogel“ – so fühlt Carola sich auch.

AXEL, WENDLAND

„Es ist nicht richtig mobil, sondern fährt nur im Kreis“

Das Grundstück, auf dem sein Tiny House steht, hat Axel durch Abradeln jener Gegend gefunden, in der er schon seit Jahrzehnten lebt – dem Wendland. Am Ende einer Stichstraße im Dorf Bülitz, umgeben von weitläufigen Feldern, findet sich das langgezogene Grundstück. Es ist zur Straße hin mit zwei alten Übersee-Schiffscontainern bebaut und setzt sich schon dadurch deutlich von den Bebauungen der Nachbarschaft ab. In den Containern – bei Ebay erstanden – hat Axel seine zwei Werkstätten untergebracht: eine Metallwerkstatt und eine Werkstatt für Holz, Kunststoff und Polsterei. Denn er liebt es zu bauen, zu konstruieren und zu tüfteln: ein Erfinder und kreativer Kopf voller Ideen und mit dem nötigen handwerklichen Geschick, diese auch Wirklichkeit werden zu lassen. So baut er zum Beispiel Sitzmöbel aus ausrangierten Ackergeräten und diverse Typen von Liegerädern – wie ein Tandem, in dem man Rücken an Rücken zueinanderliegend fährt. Doch seine bisher vielleicht größte Erfindung steht in der Mitte seines Grundstückes: ein drehbares Tiny House, idyllisch an einem kleinen Badeteich platziert.

Als ich an einem Frühlingstag gegen Mittag sein Grundstück betrete, ist es bereits recht heiß für diese Jahreszeit. Langsam wird es auch in seinem Haus etwas zu warm, da in diesem Moment die 16 Quadratmeter große Fensterfont komplett der Sonne zugewandt ist. Um sich und dem Innenraum Abkühlung zu verschaffen, dreht Axel kurzerhand sein Haus in Richtung Schatten. Dafür muss er lediglich eine kleine Bodenklappe im Holzboden öffnen und einen roten Antriebsknopf bedie-

nen. Ohne jegliches Ruckeln setzt sich das Haus langsam auf einem großen Kugellager in Bewegung, angetrieben durch ein Winkelgetriebe mit Kettenkonstruktion und jeweils einem schwingungsdämpfenden Stützrad an den Ecken des Hauses. Das Haus kann sich so um bis zu 330 Grad im Kreis drehen und in jeder beliebigen Position angehalten werden. Ein selbst programmierter Mikrorechner stoppt die Drehung ganz sanft. Noch muss dieser Drehvorgang manuell durchgeführt werden, doch Axels Ideal ist eine voll automatisierte App-Lösung, durch die sich das Haus automatisch zu der energetisch besten Wetterseite hin drehen lässt. Er tüftelt bereits an der Umsetzung.

Großzügig auf kleinem Raum

Überhaupt hat Axel dieses Haus komplett eigenständig geplant, entwickelt und fast vollständig selbst gebaut. Nur in ganz wenigen Teilbereichen benötigte er Hilfe von professionellen Gewerken.

Bevor Axel in sein Tiny House zog, lebte er auf einem Bauernhof mit 180 Quadratmetern Wohnfläche, 400 Quadratmetern Lagerraum, 50 Quadratmetern Werkstätten und 4.000 Quadratmetern Garten. Nachdem seine Kinder ausgezogen waren, wurde ihm das alles zu groß und er stellte sich die Frage, wie er in seinem neuen Lebensabschnitt eigentlich leben wollte und was er wirklich zu einem für ihn guten Dasein benötigte.

Sein Tiny House erfüllt nun all seine Bedürfnisse: nach ökologischer Nachhaltigkeit, reduzierter Wohnfläche, jedoch mit gleichzeitigem Komfort und Großzügigkeit. So können zwei Menschen darin wohnen, zwei weitere finden eine komfortable Übernachtungsmöglichkeit und der Tisch bietet acht Personen bequem Platz. Da auch noch zu zehnt im Haus Tango getanzt werden kann (was Axel leidenschaftlich gerne tut), fällt ihm eigentlich nichts mehr ein, was es darüber hinaus in gesellschaftlicher Hinsicht noch können müsste.

Die Grundfläche des Tiny House bemisst gerade einmal fünf mal fünf Meter, doch es fühlt sich überhaupt nicht beengt an. Im Gegenteil: Die sofort spürbare Großzügigkeit des Hauses wird durch seine fünfeinhalb Meter Raumhöhe erreicht. Betritt man das lichtdurchflutete Haus, gewinnt man unmittelbar den Eindruck von Geräumigkeit und Platz. Die Fensterfront auf der einen Hausseite sorgt für eine nahtlose Verbindung zu der Natur draußen und vermittelt ein Gefühl von Weite. Das Innen und Außen verschmelzen so zu einem zusammengehörenden Wohnkonzept.

Das Erdgeschoss ist minimalistisch eingerichtet und strahlt Klarheit und Ruhe aus. Die recycelte Küche, eine großzügige Sitzecke mit geschickten Stauraumlösungen und einem Tisch sowie ein Regal bilden die einzigen Einrichtungsgegenstände, ein kleines Bad rundet diese Etage ab. Über eine Leiter kommt man auf die zweite Ebene, eine Galerie, auf der sich ein Bett, eine Hängematte, ein Büro und ein Kleiderschrank befinden.

Das Haus kann Axel je nach persönlicher Stimmung drehen, um entweder den freien Blick auf das Feld oder auf der anderen Seite den Sichtkontakt zu den Nachbarn zu gewähren. Doch über diesen sozialen Aspekt hinaus hat die Drehmöglichkeit auch ganz praktisch ökologische Gründe, da damit auch die Innentemperatur geregelt werden kann. Wird die Fensterfront aus Wärmeschutzglas an einem heißen Sommertag zur Schattenseite hin gedreht, kühlt das Haus innen ab. Im Winter dagegen können die wenigen Sonnenstunden zur Wärme und Stromgewinnung genutzt werden, indem die Glasfront und die auf dem Dach befindliche Photovoltaik-Anlage in die optimale Position gedreht werden.

Tiny living

In Axels Selbstverständnis ist es wichtig, dass ein Tiny House auch ein „tiny living" ermöglicht. So ist seine Haustechnik vollständig recycelt und die verwendeten Baumaterialien sind alle fast ausschließlich ökologisch. Das Grundgerüst und die drei Wandseiten des Hauses sind aus Holz mit einer Dämmung aus Reet, Seegras und etwas Lehm. Er hätte das Tiny Haus - wie seinen Bauernhof damals auch - gerne komplett mit Lehm verputzt, musste jedoch aus Gewichtsgründen auf diese Lösung verzichten.

Die Holzwände sorgen für ein optimales Raumklima und lassen den Raum „atmen". In Kombination mit den verbauten Kippfenstern und der breiten Eingangstür entsteht eine sehr gute Luftzirkulation.

Das Satteldach ist mit Dachpfannen aus Ton gedeckt. Die darauf befindlichen Solarzellen machen das Haus weitestgehend energieautark, zur zusätzlichen Stromgewinnung steht ein kleines Windrad bereit. Als Heizmöglichkeit an sehr kalten Wintertagen könnte auch noch ein kleiner Ofen verbaut werden. Axel hat jedoch darauf verzichtet, er setzt vielmehr auf eine kontrollierte Lüftung mit Wärmerückgewinnung sowie die Abwärme von Kühlschrank und anderen technischen Kleingeräten. Ganz ohne Heizöl kommt er noch nicht aus, braucht davon aber nur noch maximal 30 Liter pro Jahr, auch für die Werkstätten in den Containern. Durch weitere Optimierungen will er diesen Verbrauch noch weiter drosseln.

Sein Haus ist an die Wasser- und Abwasserversorgung angeschlossen. Darauf wollte er nicht verzichten - bei einem sich drehenden Haus technisch eine wirkliche Meisterleistung.

So hat Axel sich sein persönliches Wohnglück erfunden und umgesetzt. Die Reaktionen seines Umfeldes sind durchweg positiv: Viele seiner Freunde hatten ihm schon mit Begeisterung beim Bau geholfen und kommen nun gerne zu Besuchen vorbei. Insgesamt findet dieses einzigartige Haus viel Zuspruch.

Axel kann sich durchaus vorstellen, für immer darin zu leben, mit dem Standort seines Hauses ist er ebenfalls sehr zufrieden. So spielt es für ihn kaum eine Rolle, dass es - im Gegensatz zum Konzept vieler anderer Tiny Houses - nicht wirklich mobil ist. Zu steigern wäre der Standort für ihn eigentlich nur noch durch ein Grundstück direkt am Meer. Solange sich jedoch in dieser Richtung nichts auftut, wird sein Tiny House weiterhin im Wendland seine 330-Grad-Kreise drehen. ■

Ludolf Dahmen

Fotoreportagen liegen ihm im Blut: Ludolf Dahmen, Jahrgang 1973, geboren und lebend in Köln, studierte Fotodesign mit Schwerpunkt Bildjournalismus an der Fachhochschule Dortmund. Dank Talent und konzentrierter Arbeit erhielt er verschiedenste Stipendien; zwei davon führten ihn nach Japan, wo seine Diplomarbeit entstand, eine Fotoreportage über den Schulalltag in Japan.

Seit 1999 arbeitet er als freier Fotograf für zahlreiche renommierte Kunden aus Wirtschaft, Sozialem und Medien. In vielen Zeitschriften wurden Portraits und Reportagen veröffentlicht: vom art-Magazin über Brigitte Woman und Geolino bis hin zu Finanztest, Impulse und Stern. Zu seinen seit Jahren festen Kunden zählen u. a. der WDR, die Koelnmesse, der Landschaftsverband Rheinland und das Deutsche Jugendherbergswerk.

Zwischen Auftragsarbeiten versucht sich der zweifache Vater auch immer wieder Zeit für Herzensprojekte zu nehmen – freie Arbeiten, bei denen der inhaltliche Anspruch im Vordergrund steht und die Frage nach angemessener Entlohnung oft genug unbeantwortet bleibt. So kam Ludolf Dahmen auch zu seinem Projekt „InsideOut – Menschen im Tiny House". Jahre zuvor hatte er einen Mann porträtiert, der in einem ehemaligen Zirkuswagen lebte. Diese Begegnung hatte ihn nie ganz losgelassen und trieb ihn 2021 dazu, weitere Charaktere zu suchen, die auf 15 oder 20 Quadratmetern leben. Gefunden hat er Menschen, die in ihrem Tiny House das Glück suchen.

Der voyeuristische Blick ist seine Sache nicht. Ludolf Dahmen interessierte vielmehr, was die Menschen dazu bewegte, sich für diese minimalistische Wohn- und Lebensform zu entscheiden, welche Hoffnungen damit verbunden sind und ob sie das persönliche Glück im Tiny House tatsächlich gefunden haben. Entstanden sind 13 einfühlsame Porträts, denen eine große Menge an Fotos und lange Gespräche zugrunde liegen.

Damit ist Ludolf Dahmen wieder bei seinen beruflichen Ursprüngen angelangt: bei der Fotoreportage. Dieses Mal nicht auf ein paar Seiten in einer Zeitschrift, sondern in „Kleiner Wohnen Spezial", seinem eigenen Magazin.

Mehr über Ludolf Dahmen und seine Tiny-House-Reportage InsideOut:
www.insideout-tinyhouse.de | www.ludolfdahmen.de